THÈSE

DE L'ACQUISITION

ET DE LA

PERTE DE LA POSSESSION

EN DROIT ROMAIN,

DE LA

POSSESSION DES IMMEUBLES

EN DROIT FRANÇAIS.

Thèse pour le Doctorat

QUI SERA SOUTENUE

LE SAMEDI 5 JUIN 1858, A DEUX HEURES ET DEMIE DU SOIR

PAR HIPPOLYTE-GABRIEL ALARDET

né à Blois (Loir-et-Cher).

POITIERS

IMPRIMERIE DE HENRI OUDIN

rue de l'Eperon, 4

1858

COMMISSION :

PRÉSIDENT, M. FEY ✻.

SUFFRAGANTS :	M. GRELLAUD ✻.	Professeurs.
	M. RAGON.	
	M. LEPETIT.	Prof. Suppléants.
	M. DUCROCQ.	

Vu par le Président de l'acte public,
FEY ✻.

Vu par le Doyen,
FOUCART ✻.

« Les visa exigés par les règlements sont une garantie des principes et » des opinions relatives à la religion, à l'ordre public et aux bonnes mœurs » (Statut du 9 avril 1825, art. 41), mais non des opinions purement ju- » ridiques, dont la responsabilité est laissée aux candidats. »

« Le candidat répondra en outre aux questions qui lui seront faites sur » les autres matières de l'enseignement. »

A MON PÈRE, A MA TANTE

A LA MÉMOIRE DE MA MÈRE ET DE MON ONCLE.

DROIT ROMAIN.

DE L'ACQUISITION ET DE LA PERTE DE LA POSSESSION.

CHAPITRE PREMIER.

DE LA NATURE ET DES DIVERSES ESPÈCES DE LA POSSESSION.

A l'origine des sociétés, dès que l'homme affecta à son usage les choses de ce monde, restées jusque-là sans propriétaire, ce fut immédiatement avec la pensée de se les approprier à perpétuité pour lui et ceux à qui il les transmettrait. L'idée de propriété naquit aussitôt que l'homme sentit la permanence de ses besoins et la nécessité de chercher dans les objets qui l'entouraient les moyens de soutenir et d'embellir son existence. Cette idée est donc naturelle à l'homme, elle est innée en lui et aussi ancienne que sa première apparition sur la terre.

Il est vrai qu'à cette époque où aucun droit préexistant ne s'opposait à l'appropriation des objets matériels, l'occupation, la prise de possession créait le droit de propriété, comme cela a lieu encore aujourd'hui pour les choses *nullius*. Mais, aussitôt ce fait d'appréhension accompli, le droit de propriété existait. C'est donc à tort qu'un système aussi dangereux que faux, puisqu'il tendrait à faire considérer le droit de propriété comme une création des législateurs et comme pouvant dès lors être supprimé par leur seule volonté, système si bien réfuté par M. Troplong dans son commentaire sur la Prescription *(chapitre de la Possession)*, considère la possession comme ayant précédé la propriété et étant le seul rapport qui existât primitivement entre l'homme et les objets matériels.

Loin que l'idée d'une possession séparée de la propriété ait précédé l'idée de propriété, elle lui est au contraire de beaucoup postérieure. La possession n'était en effet que l'exercice du droit de propriété, le fait qui correspondait à ce droit, et il en est encore ainsi toutes les fois que le fait et le droit sont d'accord entre eux. N'étant qu'un simple fait, la possession ne pouvait être protégée par les lois que lorsqu'elle se trouvait réunie à la propriété, et, le possesseur était-il spolié de sa possession, il n'y pouvait rentrer qu'en prouvant son droit de propriété.

Mais, bien que la possession ne puisse être légitime que chez le propriétaire, dans les sociétés civilisées, l'ordre social a cependant exigé qu'elle fût protégée, même abstraction faite de la propriété. La possession offre, en effet, de si grands avantages, surtout en ce qu'elle attribue au possesseur le rôle de défendeur à la revendication et le dispense de toute preuve, que chacun serait tenté de l'acquérir par voie de fait, si la loi ne protégeait le possesseur *eo solo quod possidet*, et, élevant la possession à la dignité d'un droit, ne réprimait les atteintes qu'elle peut subir. C'est que, si la possession ne prouve pas la propriété, cependant, s'y trouvant le plus communément réunie, elle en est une forte présomption, et, à ce titre, elle a droit à la protection de la société, tant qu'un tiers, en prouvant son droit de propriété devant les tribunaux, n'a pas renversé cette présomption par les moyens légaux.

Telle a été la marche des idées et de la législation chez les peuples qui ont passé de l'état de barbarie à la civilisation. Chez les Romains, le droit ancien, le droit civil, n'accordait aucune action en raison de la simple possession, et le possesseur dépouillé n'avait d'autre moyen de rentrer dans sa possession que d'exercer l'action en revendication, au moyen de la procédure du *sacramentum*. Or, dans cette procédure, le préteur accordait à l'un des plaideurs la possession provisoire (*vindicias*) à charge de caution (G. I. livre IV, § 16) : la question possessoire et la question pétitoire étaient donc confondues.

Mais, dans cette action, on se prétendait propriétaire *ex jure Quiritium*, et il fallait prouver qu'on avait acquis par un mode de droit civil, si la chose était *mancipi*. Or la possession de celui qui avait acquis par un mode du droit des gens une *res mancipi* n'était primitivement protégée par aucune action ; il en était de même de la possession de *l'ager publicus* dont la propriété *ex jure Quiritium* appartenait au peuple romain. Cependant il fallait empêcher les rixes entre les possesseurs qui ne pouvaient prétendre à la propriété *ex jure Quiritium*, et qui, ne trouvant pas de moyens de régler leurs affaires devant les tribunaux, eussent cherché à se faire justice eux-mêmes. Telle est probablement la cause de la création des interdits possessoires. M. de Savigny ne rattache cette institution qu'à la possession de *l'ager publicus* : cette cause est probablement trop spéciale, et, ce qui le prouve, c'est l'existence ancienne de l'interdit *utrubi* qui ne s'appliquait qu'aux meubles. Lorsque le système formulaire prévalut, qu'on cessa d'adjuger la possession à l'un des plaideurs et que le possesseur fut déchargé de toute preuve, les interdits eurent encore cette incontestable utilité de régler les rôles des plaideurs dans la revendication.

Pour avoir acquis la protection du préteur, la possession n'a pas changé de nature, n'a pas cessé d'être un fait; mais à l'existence de ce fait a été attaché un droit, qu'on peut appeler droit de possession, et qui lui-même résulte du fait de la possession : le fait est donc la cause et l'origine du droit. C'est ce qui explique pourquoi les lois romaines attribuent à la possession tantôt la qualité de fait, tantôt celle de droit, le plus souvent l'une et l'autre à la fois (*L. I*, § 3. — *L. XLIX*, *pr. et* § 1 *D. De acq. v. am. poss.*).

M. de Savigny ne veut pas reconnaître de droit de possession: après avoir réduit à deux, à l'usucapion et aux interdits, les effets de la possession, et montré que, par rapport à l'usucapion, la possession, n'étant qu'une des conditions de l'acquisition de celle-ci, ne pouvait être considérée que comme un simple fait, il prétend trouver le fondement des interdits, non pas dans un droit appartenant au possesseur, mais dans un délit de celui qui a encouru l'interdit : toute *violence*, suivant lui, est un délit, est illégale par elle-même et doit être réparée, n'eût-elle lésé aucun droit : les interdits ne sont accordés que pour réprimer la violence, ils résultent donc d'obligation *ex maleficiis*.

Malgré l'autorité imposante de ce savant auteur, ces idées sont inexactes: l'interdit *uti possidetis* ne suppose nullement la violence, et, lui concédât-on d'ailleurs qu'elle est l'unique fondement de tous les interdits, elle ne saurait être considérée comme injuste qu'autant qu'elle lèse un droit.

On est donc forcé de reconnaître que la possession même

injuste constitue un droit, quelque inavouable qu'en puisse être souvent l'origine, droit moins absolu, il est vrai, que celui de propriété, droit relatif qui ne peut être opposé au vrai propriétaire justifiant de son droit en justice, ni au possesseur antérieur ayant *justam opinionem domini*, auquel compète l'action publicienne, ni à celui à qui le détenteur a enlevé la possession *vi*, *clam* ou *precario*, et qui a contre lui les interdits possessoires ou l'exception de violence, de clandestinité ou de précarité, mais droit qui aura plein et entier effet contre toute autre personne qui le violerait sans être dans une des positions favorables et privilégiées que nous venons d'énumérer. On peut donc dire que le droit de possession est un droit de posséder relatif fondé sur le fait de possession.

Examinons maintenant en quoi consiste le fait de possession, tel qu'il doit être pour fonder le droit de possession. La possession, considérée comme fait, peut être définie, en droit romain, la détention d'une chose corporelle avec l'intention d'agir à son égard comme propriétaire. Cette définition comprend les deux éléments dont se compose la possession : *corpus*, *animus*, le fait et l'intention. Le fait, c'est la possibilité d'agir sur la chose à l'exclusion de tous autres, de pouvoir s'en servir quand on le voudra. L'intention, *animus seu affectus domini*, *rem sibi habendi*, c'est la volonté d'agir sur la chose comme si l'on en était propriétaire : l'*opinio domini*, c'est-à-dire la croyance à son droit de propriété, en d'autres termes, la bonne foi, très-utile à raison des avantages qu'elle confère, n'est point essentielle à la possession et n'est point nécessaire pour la constituer. La nécessité de l'*animus domini* exclut du rang de possesseurs, les fermiers, locataires, dépositaires et autres détenteurs au nom d'autrui, qui ne sont que les instruments du possesseur véritable.

Avant d'examiner d'une manière plus approfondie les conditions nécessaires pour constituer quelqu'un possesseur, jetons d'abord un coup d'œil rapide sur les principaux effets de la possession, afin de pouvoir ensuite élucider la terminologie du droit romain en cette matière.

La possession, telle que nous l'avons définie, produit certains effets qui lui sont communs avec la simple détention de celui qui n'a point l'*affectus domini;* elle en produit d'autres pour lesquels elle est suffisante par elle-même, mais que la simple détention serait impuissante à produire; enfin, il est d'autres effets juridiques qu'elle ne produit qu'avec le concours de certaines conditions extrinsèques.

Les principaux effets communs à la possession et à la simple détention sont la dispense de preuve par suite de la qualité de défendeur attachée à la détention de la chose, le droit de légitime défense, qui s'applique non-seulement à l'homme, mais aux choses sur lesquelles sa volonté a porté son empreinte, et, par suite, le droit d'exiger la réparation du dommage causé à la chose; enfin, la possibilité de jouer le rôle de défendeur à l'action *ad exhibendum* ou à la revendication *(L. XXII. D. De verb. sign.—L. IX. D. De rei vindicat.)*.

Les principaux effets propres à la possession *animo domini* sont de rendre instantanément propriétaire de la chose *nullius* dont on s'empare et de donner droit aux interdits possessoires.

Enfin, réunie à la condition de bonne foi, la possession a pour effet de donner droit à l'exercice de l'action publicienne, à l'appropriation des fruits de la chose, limitée à la durée de la bonne foi, et à l'acquisition de la propriété par l'usucapion ou la prescription, lorsque la possession a duré le laps de temps exigé par la loi.

Il nous est facile d'expliquer maintenant les expressions diverses employées par les jurisconsultes romains pour qualifier la possession. Nous les voyons tantôt qualifier de possession naturelle la simple détention corporelle de ceux qui prêtent leur ministère à la possession d'autrui (*L. II*, § 1. *D. Pro herede.* — *L. III*, § 15. *D. Ad. exhib.)*, tantôt dénier à ces détenteurs la qualité de possesseurs : *sunt in possessione, sed non possident (L. XXXIII*, § 1. *D. De usurp.* — *L. IX*, *D. De rei vindicat.)*; d'un autre côté, ils refusent souvent la possession civile et ne reconnaissent qu'une possession naturelle au possesseur *animo domini* qui ne peut prescrire vu l'absence de bonne foi ou tout autre obstacle *(L. XXVI. D. De donat. inter.* — *L. I*, § 4. *h. t.* — *L. I*, § 2. *Pro donato.)*. Il est évident, d'après ces exemples, que l'expression de possession naturelle a un sens différent, selon qu'elle est employée en opposition à la possession proprement dite, *animo domini*, ou à la possession qualifiée de civile. Déterminons donc d'abord le sens de cette dernière expression.

Chez les jurisconsultes romains, l'expression de civile s'appliquait le plus souvent aux institutions du droit civil proprement dit, mises en opposition avec les institutions du droit des gens ou du droit prétorien. Or, comme les interdits possessoires étaient l'œuvre du préteur et que la simple possession *animo domini* ne produisait pas d'effet proprement civil, tandis que l usucapion, institution du droit civil, était l'un des effets de la possession accompagnée de juste titre et de bonne foi, les jurisconsultes durent attribuer à cette dernière possession la qualification de civile, et, par opposition, qualifier de possession naturelle la possession proprement dite dénuée des qualités requises pour l'usucapion : cette interprétation est justifiée par les lois *XXVI. D. De donat. int.*, — 1. § 4. *h. t.* La possession *ad interdicta* est-elle mise au contraire en parallèle avec la simple détention, celle-ci, à qui l'on refuse souvent et avec raison le nom de possession *(L. XXXIII*, § 1. *D. De usurp.)*, est alors qualifiée de naturelle, ou, plus proprement, de corporelle *(L. III*, § 15. *D. h. t.— L. IV. D. Ad exhibendum)*.

Telle est la signification la plus ordinaire de ces expressions : je dis la plus ordinaire, car la loi II, § 1. *D. Pro herede*, appelle civile la simple possession *animo domini*, et l'on voit dans la loi *XXXVIII*, §§ 7 *et* 8. *D. XLV*, 1, l'expression *possidere civiliter* employée pour exprimer l'aptitude qu'on a de posséder d'après le droit civil : en disant que l'esclave ne peut posséder civilement, cette loi entend dire que les principes du droit civil s'opposent à ce qu'il puisse posséder même *ad interdicta*. On peut conclure de là que ces expressions n'avaient point, chez les jurisconsultes romains, un sens précis et technique, mais essentiellement relatif.

Le droit romain semble donc distinguer trois sortes de possessions : la possession naturelle ou corporelle, la possession proprement dite ou *ad interdicta*, et la possession civile ou *ad usucapionem*. Mais de ces trois possessions, la première n'est qu'improprement appelée possession naturelle, comme le reconnaissent plusieurs lois romaines ; la troisième n'est autre chose que la possession proprement dite, à laquelle la réunion de qualités accidentelles fait produire des effets importants que seule elle serait impuissante à produire. C'est donc de la possession proprement dite ou *ad interdicta* que nous avons à nous occuper.

Or, un principe qu'il importe de poser avant d'entrer dans l'examen de notre matière, c'est qu'une même chose ne peut être possédée par plusieurs *in solidum* (*L. III*, § 5. *D. h. t.)*, d'où résulte que la possession est nécessairement perdue pour l'un quand elle est acquise à l'autre. Quelques jurisconsultes avaient voulu qu'il pût y avoir relativement à une même chose deux possessions : l'une, juste; l'autre, injuste; mais cette idée est contraire à la nature même de la possession qui est un fait, avant d'engendrer un droit : aussi est-elle réfutée victorieusement par Ulpien au moyen d'un raisonnement par l'absurde *(L. III. D. Uti possidetis)*. On peut encore justifier cette décision par cette raison, que, la possession n'étant que l'exercice du droit de propriété, et la propriété de plusieurs *in solidum* n'étant pas admise, il n'en pouvait être différemment de la possession.

CHAPITRE II.

DES CHOSES SUSCEPTIBLES D'ÊTRE POSSÉDÉES ET DE LA JURIS POSSESSIO.

Pour qu'une chose soit susceptible d'être possédée, elle doit réunir trois conditions : 1° être dans le commerce; 2° être corporelle ; 3° avoir une existence distincte et indépendante, et être déterminée.

Et d'abord, la chose doit être *in hominum commercio :* ce qui exclut de la classe des choses susceptibles de possession toutes celles qui ne sont pas susceptibles d'appropriation privée, car, la possession étant l'exercice de la propriété et n'étant protégée par la loi qu'à raison de la présomption de propriété qui y est attachée, le législateur ne pouvait reconnaître le titre de possesseur et accorder les avantages qu'il confère, au détenteur d'une chose à la propriété de laquelle aucun particulier ne peut prétendre.

Ainsi ne peuvent être possédées les choses religieuses, sacrées et saintes, les choses du domaine public, telles que les routes et les fleuves navigables, enfin les hommes libres (1).

La chose doit, en outre, être corporelle : *possideri autem possunt quæ sunt corporalia (L. III, pr. h. t.)*. Les Romains, considérant la possession comme la détention corporelle d'une chose avec l'esprit de propriété, ne pouvaient reconnaître la possibilité d'une véritable possession quant aux choses incorporelles, telles que l'usufruit, l'usage, les servitudes. Cependant, s'ils avaient remarqué que ce qu'ils appelaient posséder n'était que l'exercice du droit de propriété, réel ou prétendu, droit qui est une chose aussi incorporelle que l'usufruit et les servitudes, ils auraient pu appliquer fort justement, sans plus de scrupule que le législateur français, le nom de possession à l'exercice de ces droits.

Toutefois, reconnaissant la nécessité de protéger cet exercice de la même manière que celui du droit de propriété, ils ont admis une *quasi-possessio* ou *juris possessio* pour certains droits réels. Examinons quels sont les droits réels susceptibles de cette quasi-possession.

En première ligne, nous trouvons les servitudes personnelles : l'usufruit, l'usage et l'habitation. La *quasi-possessio*

(1) La possession *bona fide* des hommes libres produisait cependant quelques effets (§ 4, *I. Per quas personas nobis acquiritur*. — *L. I*, § 6, — *XXIII*, § 2. *D. De acq. v. am. poss*).

de ces servitudes est protégée par des interdits utiles. L'existence de cette *juris possessio* amènera ce résultat, qu'il y aura sur la même chose deux possessions différentes : la *corporis possessio* du nu-propriétaire, qui s'exerce par l'intermédiaire de l'usufruitier, simple détenteur au nom d'autrui, quant à la propriété, et la *juris possessio* ou *quasi-possessio* de l'usufruit, que l'usufruitier exerce en son propre nom, comme propriétaire du droit d'usufruit. L'usufruitier est donc tout à la fois détenteur au nom d'autrui et en son propre nom. Il en est de même de celui qui exerce un droit d'usage ou d'habitation.

Quant aux servitudes réelles, les positives sont susceptibles de *quasi-possessio :* ainsi celui qui a une fenêtre sur le fonds voisin, celui qui y passe de temps en temps, a la *juris possessio* de la servitude de vue, de celle de passage. Mais quant aux servitudes négatives, telles que celle *non altius tollendi*, elles se dérobent par leur nature même à toute espèce de possession.

On voit donc qu'il existe des droits réels auxquels la *quasi-possessio* ne se peut appliquer : elle ne saurait non plus exister quant aux droits réels qui s'éteignent par l'exercice, tels que le droit d'hypothèque. Ce droit s'exerce en effet par la vente que le créancier fait du gage pour se payer.

Aussi le créancier gagiste ne saurait-il avoir une *juris possessio*. Mais le droit romain lui reconnaît la *corporis possessio*, qui, sans pouvoir lui procurer le bénéfice de l'usucapion ou de la prescription, lui donne droit aux interdits, à l'exclusion du débiteur qui a livré le gage. Celui-ci, en effet, ne peut user des interdits, s'il n'a reçu la chose en *precarium* du créancier *(L. XXXVI et XXXVII. D. h. t.)*. Mais il est censé posséder quant à l'usucapion. D'où vient donc cette singularité, qui fait d'un détenteur au nom d'autrui un possesseur ayant droit aux interdits et laisse la faculté d'usucaper à celui à qui la possession a été enlevée? La raison véritable de cette bizarrerie est dans les efforts qu'on a faits pour suppléer à l'absence primitive du droit réel nécessaire à la garantie du créancier gagiste : c'est dans ce but qu'on lui concéda, parmi les avantages que procure la possession, ceux qui étaient de nature à protéger son droit. Aussi lui accorda-t-on le titre de possesseur quant aux interdits. Mais, comme l'accomplissement de l'usucapion au profit de son débiteur, loin de lui être préjudiciable, ne pouvait que corroborer et affermir ses garanties, on laissa au débiteur ce bénéfice qu'il eût d'ailleurs été injuste de lui retirer. Plus tard, l'innovation prétorienne de l'hypothèque, en accordant au créancier gagiste un droit réel, nouvelle garantie de ses intérêts, n'enleva pas à celui-ci les autres sûretés qui lui avaient été précédemment concédées.

Il existe encore un autre cas qui a quelque analogie avec le précédent : c'est celui où une chose a été concédée en *precarium*. Le *precarium* était une convention par laquelle une personne, appelée concédant, permettait à une autre personne, appelée précariste, de jouir d'une chose jusqu'à ce qu'elle révoquât cette concession, révocation qu'elle pouvait faire quand il lui plaisait *(L. I, pr. et § 2, D. De precario)*. Or le précariste, quoique n'ayant point l'*animus domini*, avait cependant, à moins de réserve de la part du concédant, la possession de la chose *(L. IV, § 1, et L. VI, § 2, D. De precario.—L. X, D. De acq. poss.)*; il n'avait pour garantie de son droit aucune action en justice, mais seulement les interdits possessoires. Le concédant avait contre lui l'interdit spécial *de precario* pour recouvrer la possession ; le précariste, au contraire, ne pouvait intenter victorieusement aucun interdit contre le concédant *(L. I, § 2. D. Uti possidetis)*. D'où il résulte que, considéré vis-à-vis de tout autre comme *justus possessor* et ayant *animum domini*, le précariste, vis-à-vis du concédant, n'était qu'un détenteur au nom d'autrui et se trouvait sans aucun droit.

Quant aux locataires, commodataires, dépositaires, mandataires, le droit romain ne leur a jamais reconnu de droit réel : aussi ne peuvent-ils avoir une *juris possessio*. Ils pouvaient encore moins prétendre à une *corporis possessio*, car ils ne pouvaient être traités plus avantageusement que l'usufruitier, qui, quant à celle-ci, n'est qu'un détenteur au nom d'autrui, l'instrument par lequel le propriétaire possède.

Pour être susceptible de possession, la chose doit encore avoir une existence indépendante et distincte. Cette décision n'a aucune conséquence relativement aux objets mobiliers qui se trouvent confondus dans un autre également mobilier. Si la chose, par suite de l'annexion, est devenue *res exstincta*, elle n'est plus possédée comme *res singula*, mais comme partie d'un tout connexe. Si elle a conservé son espèce propre, comme un diamant uni à une bague, elle est possédée séparément (*L. XXX*, § 1. *D. De usurp. et usucap.*). Il en est de même d'un champ ajouté à un immeuble (*L. VII*, § 1. *D. Pro emptore*).

Supposons qu'il s'agisse au contraire d'objets mobiliers unis à un immeuble, par exemple de matériaux confondus dans un édifice : si les matériaux n'appartenaient pas au même propriétaire que la maison, l'usucapion de la maison ne s'étendra pas aux matériaux, et la maison venant à être détruite, les matériaux pourront être revendiqués par leur propriétaire, car ils n'ont pas été possédés comme chose mobilière, mais comme partie d'immeuble; et le propriétaire n'ayant pu les revendiquer tant qu'ils étaient unis au bâtiment, il eût été injuste de permettre de les usucaper contre lui (*L. XXIII, D. De usurp. et usuc.*). Les matériaux appartenaient-ils au même propriétaire que l'édifice? comme ce propriétaire pouvait revendiquer le tout, les matériaux de la maison démolie après avoir été usucapée seront la propriété de l'usucapant comme provenant d'un bâtiment dont il était devenu propriétaire.

La chose possédée doit, en outre, être déterminée : on ne peut acquérir la possession d'une partie incertaine d'une chose, bien qu'on puisse acquérir la possession d'une partie indivise, pourvu qu'elle soit déterminée (*L. III*, § 2, *et L. XXVI, D. h. t.*). Toutefois, une chose peut être possédée par plusieurs pour parties incertaines, quand la possession a eu précédemment un objet certain : ce qui arrivera lorsque les héritiers du possesseur ignoreront l'étendue de leurs droits respectifs sur la chose qu'ils détiennent par indivis (*L. XXXII*, § 2. *De usurp. et usucap.*).

CHAPITRE III.

DES PERSONNES CAPABLES D'ACQUÉRIR LA POSSESSION.

Pour être capable d'acquérir la possession il faut réunir deux conditions : 1° Etre capable d'avoir des droits ; 2° être capable de vouloir.

Et d'abord il faut être capable d'avoir des droits.

En effet, la loi, ne considérant la possession qu'en tant qu'elle peut produire quelque effet de droit, ne pouvait reconnaître pour possesseurs juridiques les individus qui, n'étant capables d'avoir aucun droit, ne pouvaient puiser, par conséquent, aucun droit dans la possession. D'où résulte d'abord l'incapacité des esclaves relativement à la possession. Ils peuvent bien détenir corporellement une chose; mais cette détention ne leur peut procurer aucun droit et ne peut profiter qu'à leurs propriétaires : l'esclave peut, en effet, posséder pour son maître, dont il n'est que l'instrument (*L. XXIV*,—*L. XXX*, § 3,— *L. XLIX*, § 1. *D. h. t.*) (1).

Ne peuvent non plus posséder les captifs de guerre, car ils sont considérés comme des esclaves et perdent tous leurs droits. Ceux-ci, il est vrai, leur sont restitués à leur retour par l'effet du *postliminium;* mais ce bénéfice ne s'appliquait point à la possession, et les jurisconsultes romains en donnent cette raison, que la possession est une chose de fait : il eût fallu, en effet, pour que la possession leur fût rendue, supposer non-seulement qu'ils n'avaient pas été captifs, ce qui était l'objet de la fiction du *postliminium*, mais encore qu'ils avaient conservé la possession, seconde fiction qui n'a point été admise (*L. XXIII*, § 1. *D. h. t.*).

Enfin ne pouvaient posséder toutes les personnes *alieni juris*, les hommes libres donnés en *mancipium*, les femmes *in manu mariti*, les fils de famille. L'usage du *mancipium* et de la *manus* a disparu de bonne heure du droit romain. Quant aux fils de famille, leur incapacité de posséder a été restreinte dans la même mesure que leur incapacité d'être propriétaires. Dès qu'on leur reconnut la propriété de certains pécules, on dut en même temps leur permettre de posséder à titre de pécule *castrense*, *quasi-castrense et adventice.*

(1) L'homme libre lui-même, possédé en qualité d'esclave, ne pouvait posséder pour lui-même (*L. I*, § 6. *D. h. t.*— *L. CXVIII. D. De reg. jur.*).

La seconde condition pour pouvoir acquérir la possession est la capacité de vouloir : ce qui exclut les *infantes* et les fous. Le pupille sorti de l'*infantia* pouvait très-bien acquérir la possession, même sans l'autorisation de son tuteur : en effet, quant à la possession de fait, elle s'acquiert naturellement, *corpore et animo*, et, quant aux droits qu'elle engendre, le pupille peut les acquérir comme tout ce qui rend sa position meilleure (*L. I*, § 3. *D. h. t.*). Mais le pupille *infans* et le fou, étant incapables de vouloir, ne peuvent acquérir la possession, pour laquelle est exigée la volonté, l'*animus domini*. Toutefois, pour raison d'utilité, et pour leur venir en aide, les jurisconsultes romains ont fait brèche à la rigueur du droit, et, dérogeant à tous les principes de la législation romaine, quelques efforts qu'ils aient faits pour justifier leur innovation au point de vue du droit strict, ils ont admis que, pour l'acquisition de la possession, le tuteur et le curateur suppléeraient le pupille *infans* et le fou, même quant à l'*animus* (*L. XXXII*, § 2. *D. h. t.* — *L. III. C. h. t.*).

La même raison d'utilité fit admettre la possibilité pour les municipes et autres corporations de posséder par les personnes chargées de les représenter (*L. II. D. h. t.*).

CHAPITRE IV.

DE L'ACQUISITION DE LA POSSESSION.

Pour l'acquisition de la possession, deux choses sont nécessaires : le *corpus* et l'*animus*, le fait et l'intention (*L. III*, § 1. *D. h. t.*). Occupons-nous d'abord de la première de ces deux conditions. Que doit-on entendre par *corpus?* Ce mot exprime le rapport purement matériel qui s'établit entre le possesseur et la chose possédée, c'est-à-dire la mise de la chose à la disposition de la personne, l'acte qui acquiert à celle-ci la possibilité de disposer et de jouir de la chose à son gré et sans obstacle. Cet acte, accompli avec l'intention de posséder (*animus domini*), acquiert la possession à son auteur. Tout acte qui met la chose à notre disposition nous fait donc acquérir la possession, pourvu que s'y joigne intention; et, réciproquement, tout acte qui ne met pas la chose en notre puissance, est incapable de nous faire acquérir la possession. Les anciens interprètes du droit romain avaient distingué pourtant des traditions réelles ou naturelles et des traditions fictives ou symboliques (*actus corporis naturalis*, *actus adscititius*). Cette distinction est imaginaire, et les cas de tradition symbolique énumérés par les anciens auteurs ne sont que des cas de tradition réelle. Pourquoi, en effet, la simple déclaration de tradition ou la remise des clefs, faite en présence de la chose, l'apposition d'une garde, le dépôt dans ma maison par mon ordre, la livraison du titre d'aliénation me font-ils acquérir la possession? Parce que ces actes mettent la chose en mon pouvoir : cela est vrai même de la livraison du titre d'aliénation par le possesseur, car, la possession de celui-ci étant le seul obstacle à celle de l'acquéreur, la cessation de cet obstacle met la chose en la puissance de ce dernier. Ce qui prouve bien que ces traditions sont des traditions réelles, et non symboliques, c'est que la présence de la chose est une condition exigée pour que la simple déclaration de tradition ou la remise des clefs transfère la possession.

Quant à l'*animus*, qui n'est autre chose que la volonté de posséder pour soi, la volonté d'agir comme propriétaire, c'est une condition également indispensable : sans cette volonté, il n'y a pas de possession : ainsi l'homme endormi à qui l'on met en main un objet, n'en acquiert pas la possession : on ne possède ni la propriété d'un ami où l'on entre familièrement *(L. XLI. D. h t.)*, ni le trésor caché chez soi, dont on ignore l'existence (*L. III.* § 3. *D. h. t.*), ni ce qu'on détient à titre de prêt ou de dépôt (*L. XVIII. pr. h. t.*).

Ainsi donc, deux conditions sont exigées pour l'acquisition de la possession : le *corpus* et *l'animus*. Il n'y a pas d'exception à cette règle. On dit bien, en parlant de la tradition *brevi manu*, qu'on acquiert alors la possession *animo solo ;* mais cette locution est inexacte : on l'applique au cas où l'acquéreur était déjà, antérieurement à l'aliénation, détenteur de la chose, par exemple en qualité de fermier ou de locataire ; or, qui ne voit que, dans ce cas même, le *corpus* concourt avec l'*animus*, puisque, bien plus, il lui est antérieur (*L. III.* § 3, *h. t.*—*L. LXII. h. t.*—*L. IX.* § 9. *XII.* 2.)? Concluons de là que le *corpus* sans l'*animus* et l'*animus* sans le *corpus* sont également insuffisants *(L. III.* § 1. *D. h. t.)*.

Examinons maintenant les différentes manières dont on acquiert la possession, et, à cet effet, distinguons les cas où on l'acquiert par soi-même et ceux où on l'acquiert par un autre.

SECTION PREMIÈRE.

DE L'ACQUISITION DE LA POSSESSION PAR NOUS-MÊMES.

Nous pouvons acquérir la possession par nous-mêmes, c'est-à-dire directement et sans le ministère d'un représentant, soit par un acte unilatéral, émanant de notre seule volonté, soit par un acte bilatéral, résultat de l'accord entre nous et celui qui perd la possession.

Si la chose n'est encore possédée par personne, la possession est dite *vacua*, et elle peut toujours alors nous être acquise par un simple acte unilatéral. Mais cet acte doit être tel qu'il réalise et révèle nettement l'intention de posséder : ce sera, par exemple, l'appréhension de la chose, si elle est mobilière, son ensemencement, sa culture, ou tout autre acte de propriétaire, si c'est un fonds de terre.

Si la possession n'est pas *vacua*, un obstacle s'oppose à son acquisition : cet obstacle, c'est le possesseur ; et, comme la possession de plusieurs *in solidum* n'est pas admise, en d'autres termes, comme une possession exclut l'autre, nous ne pouvons, dans ce cas, acquérir la possession par un acte unilatéral qu'autant que cet acte sera de nature à faire perdre la possession au précédent possesseur. L'acquisition de la possession se liant intimement dans ce cas avec la perte de celle-ci, nous renvoyons l'examen de cette hypothèse au chapitre suivant qui traitera de la perte de la possession.

Occupons-nous maintenant de l'acquisition de la possession par un acte bilatéral, c'est-à-dire de la transmission de la possession. La transmission de la possession s'opère au moyen de la tradition que fait le possesseur à celui au profit duquel il aliène sa chose. Pour pouvoir transmettre la possession, il faut que le transmettant soit possesseur, qu'il puisse rendre la possession *vacua* : or, pour les meubles qui se déplacent avec tant de facilité, il n'est certain que la possession est *vacua* que lorsque la transmission s'en fait en leur présence ; mais alors, il suffit d'une simple déclaration du transmettant, sans qu'il soit besoin à l'acquéreur d'appréhender l'objet. N'est-il pas, en effet, aussi bien à sa disposition s'il l'a sous les yeux et peut le prendre quand il voudra sans opposition, qu'il le serait s'il l'appréhendait réellement? La possession était alors requise, disaient les jurisconsultes romains, *oculis et affectu*, et ils appelaient cette tradition tradition *longa manu (L. I, § pen. D. h. t.)*. Les lois 79, D. XLVI, 3, — 3, § 12, XXIV, 1,— 51, h. t.,—74, XVIII, 1,—I, § 21, h. t.,—1, C. VIII, 54, énumèrent encore divers autres modes de transmission de la possession des meubles.

Quant aux immeubles, il n'est pas nécessaire que le transmettant introduise l'acquéreur sur le fonds qu'il veut livrer; il suffit, pourvu que la possession en soit *vacua*, qu'il le montre même de loin en déclarant s'en dessaisir en sa faveur *(L. XVIII, § 2, h. t.)*. La possession est considérée comme *vacua* lorsque personne ne l'exerce *animo domini :* cette condition suffit à sa transmission; la détention exercée à un autre titre que celui de propriétaire n'empêcherait pas la possession d'être transmise, et la tradition ne serait alors insuffisante que par rapport à l'acquittement des obligations de l'aliénateur : tel est le sens de la loi II, § 1, *De action. empti.*

Il a été déjà question d'un cas où, malgré l'existence du *corpus* et de l'*animus*, la possession paraît et est dite acquise *animo solo*. C'est celui où la chose est déjà détenue par nous au nom d'autrui, par exemple à titre de louage, de dépôt, etc. Il semble que, dans ce cas, la seule volonté du détenteur de posséder désormais par lui-même, venant se joindre à la condition préexistante du *corpus*, devrait suffire pour lui faire acquérir la possession. Mais les inconvénients qui résulteraient d'une pareille décision ont fait admettre cette règle fameuse : *nemo sibi ipse causam possessionis mutare potest*, dont le sens est celui-ci : aucun détenteur, au nom d'autrui, ne peut, par sa seule volonté, sans un fait dont le propriétaire soit touché, changer le titre de sa possession, ni prescrire, par quelque laps de temps que ce soit, quand même l'action personnelle serait éteinte par la prescription. *(L. XIX, § 1, D. h. t.).* Cette règle avait été imaginée, dans le principe, pour l'usucapion *pro herede :* cette usucapion plus tard abolie, s'opérait par la possession annale de la masse héréditaire, sans titre ni bonne foi, et avait pour but de stimuler l'activité d'héritiers négligents et d'empêcher l'interruption des sacrifices particuliers. Or, notre règle, qui avait d'abord pour but d'empêcher ce genre si facile d'acquisition de s'accomplir au profit de celui qui était déjà, à un titre quelconque, détenteur des biens du défunt *(L. II, § 1. D. XLI, 5)*, fut appliquée ensuite à toute espèce de prescription acquisitive. Il faut donc, pour que le détenteur au nom d'autrui puisse acquérir la possession, qu'il se la fasse céder par celui qu'il représente, ou qu'un fait patent et sérieux d'interversion du titre soit venu à la connaissance de celui-ci. Tel sera, par exemple, le refus formel de la part du fermier ou locataire de payer son fermage ou loyer, refus fondé sur la prétention de posséder pour lui-même.

SECTION II.

DE L'ACQUISITION DE LA POSSESSION PAR UN AUTRE.

La possession étant un état de choses qui résulte, d'une part, de l'intention où est le possesseur d'agir en maître sur la chose, et, de l'autre, de la possibilité de réaliser cette intention, on doit conclure de là que, d'un côté, l'intention qu'aurait un tiers de nous acquérir la possession serait insuffisante sans notre volonté personnelle; en d'autres termes, que l'on ne saurait être représenté, quant à l'*animus*, pour l'acquisition de la possession; mais que, d'un autre côté, quel que soit le fait qui mette la chose en notre puissance, que ce fait soit nôtre ou qu'il soit celui d'un tiers agissant dans notre intérêt, dès que notre volonté y vient apporter son concours, il doit nous faire acquérir la possession. En un mot, nous ne pouvons acquérir la possession qu'*animo nostro*, mais nous pouvons l'acquérir *corpore alieno*.

Or la possession nous peut être acquise *corpore alieno*, soit par une personne hors de notre puissance, soit par une personne soumise à notre puissance, soit par celui-là même qui nous transmet la possession : dans chacun de ces cas, il y aura à examiner quelles conditions sont requises pour que nous acquérions la possession, et à quel moment celle-ci nous est acquise.

Et d'abord, comment s'acquiert la possession par une personne hors de notre puissance? Pour que celle-ci nous représente quant au *corpus*, il ne suffit pas de sa part d'un simple acte corporel : puisqu'en effet, il n'y a pas d'acquisition fictive de possession, comment la chose pourrait-elle être réputée réellement mise à notre disposition, et, par suite, la condition du *corpus* être légalement remplie, si la personne qui accomplissait l'acte corporel acquisitif de possession, n'avait pas elle-même l'intention de nous en faire bénéficier, et d'agir en notre nom? Il résulte de là que trois conditions sont requises, dans ce cas, pour l'acquisition de la possession : de la part du représenté, c'est-à-dire de celui à qui la possession doit être acquise, *animus*, intention d'acquérir pour lui-même la possession ; de la part du représentant, acte corporel d'acquisition, *corpus*, et intention, *animus*, d'acquérir la possession à celui qu'il représente.

Quant à ces deux dernières conditions exigées dans la personne du représentant, on peut observer que leur concours réalise pleinement dans celle du représenté la condition du *corpus*, telle que nous l'avons définie ; mais que, d'un autre côté, l'absence d'une seule de ces deux conditions empêcherait celle-ci de se réaliser et s'opposerait à l'acquisition de la possession par le représenté. Supposons, en effet, que le mandataire s'empare de la chose ou la reçoive par tradition avec l'intention de la posséder pour lui-même : dans le premier cas, il se sera toujours acquis la possession ; dans le second, il en sera de même si l'intention du transmettant a été d'accord avec la sienne ; si au contraire le transmettant a entendu livrer au profit du mandant, son erreur lui aura conservé la possession ; mais, dans aucun de ces cas, le représenté n'aura pu acquérir la possession, car on ne peut se considérer comme ayant à sa disposition une chose qu'un autre détient et entend garder pour lui-même. Cette décision est conforme aux lois 1, § 19 et 20, h. t., et 37, § 6, *De acq. rer. dom.* Toutefois il ne suffirait pas au représentant d'alléguer une intention qu'il n'aurait pas manifestée : dans le doute on devrait décider en faveur du représenté : telle est l'interprétation à donner à la loi 13 *De donat.* qui semble contredire les lois précitées. Concluons de là que les mêmes conditions de capacité sont exigées de la part du représentant que de celle du représenté, et que le fou, l'*infans*, en un mot toute personne incapable d'avoir l'*animus* ne pourra pas plus acquérir la possession pour un autre que pour elle-même.

Si c'est chez celui pour qui l'on veut acquérir la possession que l'*animus* fait défaut, si, n'ayant pas donné mandat, il n'a pas ratifié l'acte d'acquisition accompli en son nom, la possession ne lui sera pas acquise, et ne le sera pas davantage à celui qui a voulu la lui acquérir, car il n'a pas eu l'*animus rem sibi habendi*.

Enfin, quant à la condition du *corpus*, elle doit être la même dans la personne du représentant qu'elle devrait être dans celle du représenté, si celui-ci voulait acquérir la possession par lui-même.

Mais à quel moment la possession sera-t-elle acquise au représenté? la possession nous peut être acquise *ignorantibus;* mais il faut que notre volonté se soit manifestée. Si donc nous avons donné mandat de prendre possession d'une chose, la possession nous en est acquise dès que le mandataire a exécuté notre ordre, bien que ce fait soit encore ignoré de nous (*L. XLII.* § 1, *D. h. t.*). Si nous n'avons donné aucun ordre de prendre possession en notre nom, la possession ne nous est acquise que lorsque nous avons ratifié l'acte de celui qui l'a prise pour nous (*même loi*). Toutefois, dans le cas de mandat de prendre possession, on n'acquiert *ignorans* que la possession *ad interdicta;* la possession *ad usucapionem*, exigeant la bonne foi, ne saurait exister que lorsque le maître a connaissance de l'acquisition (*L. XLIX.* § 2. *D. h. t.* — *L.* 1. *C. De acq. et retin. poss.*).

La règle qui exige l'*animus* de la part du représenté reçoit plusieurs exceptions, dérogations flagrantes aux principes du droit romain, qui ne se justifient que par des raisons d'utilité et d'équité. C'est ainsi qu'on a admis que le tuteur, le curateur, l'administrateur pouvaient acquérir la possession pour le pupille *infans*, le fou et le municipe, qui, sans cette décision, n'auraient eu aucun moyen d'acquérir la possession : la dérogation aux principes est ici évidente : le tuteur n'avait pas pour mission de représenter, mais de compléter la personne du pupille, et, dans notre espèce, il le représente.

Passons maintenant à l'acquisition de la possession par une personne soumise à notre puissance. Et d'abord, supposons qu'il s'agisse d'une acquisition faite en dehors du pécule. Ici nous ne retrouvons pas toujours les trois mêmes conditions que dans le cas précédent : l'*animus* du maître et l'appréhension (*corpus*) de l'esclave ou du fils de famille sont encore exigés ; mais il en est différemment de *l'animus* de l'esclave ou du fils : nous acquérons, même contre leur volonté, la possession des choses qu'ils ont commencé à détenir, pourvu, quant à l'esclave, qu'il soit lui-même en notre possession. En effet, que peut la volonté contraire de l'esclave pour nous empêcher d'avoir à notre disposition une chose qu'il détient, lorsque lui-même est entre nos mains ? Si notre esclave est possédé par un autre, il ne pourra acquérir la possession que pour son possesseur, et dans les cas déterminés par la loi (*G. I. L. II*, § 94.— *L.* 1, § 6. *D. h. t.*—*L. XXI*, *pr.*—*L. LIV*, § 4. *D. De acq. rer. dom.*) ; s'il n'est possédé par personne, il pourra l'acquérir pour la personne qu'il voudra, en l'appréhendant au nom de celle-ci (*L.* 34, § 2. *D. h. t.* — *L.* 31, § 2. *D. De usurp.*). Mais le fils de famille ne peut acquérir la possession que pour son père, jamais pour celui qui le possède même de bonne foi (*L. L, pr. h. t.*), car l'acquisition par le fils n'est fondé que sur le droit de puissance.

Quant aux acquisitions que l'esclave ou le fils de famille fait hors de son pécule, les principes sont différents : la possession qu'il appréhende *ex causa peculiari* est acquise au maître ou au père de famille, même en l'absence de toute volonté de la part de celui-ci. C'est une autre exception au principe qui n'admet pas de représentation quant à l'*animus* pour l'acquisition de la possession, et qui se justifie également par des raisons d'utilité (*Papinien*, *L. XLIV*, § 1, — *L. I*, § 5, — *L. IV*, *XXIV*, *et III*, § 12. *D. h. t.*); on n'a pas voulu exiger l'intervention continuelle du maître ou du père de famille dans l'administration du pécule de l'esclave ou du fils de famille; en concédant le pécule il a autorisé tous les actes s'y rattachant et a en quelque sorte transmis son *animus* à celui qui en jouit; celui-ci le représente donc *animo et corpore* (*Paul. L. I*, § 5. *et L. III*. § 12. *D. h. t.*). La représentation du maître ou du père de famille par l'esclave ou le fils de famille est tellement complète dans ce cas, que c'est chez le représentant qu'est exigée la bonne foi pour l'usucapion et non chez le maître, pourvu toutefois que celui-ci ne soit pas de mauvaise foi au commencement de la possession : mais il suffit qu'il l'ignore. La bonne foi doit se trouver là où est l'*animus*. La possession commence donc alors au moment où la personne *alieni juris* s'est emparée de la chose, soit que le maître ignore ou non cette prise de possession (*L. II*. §§ 11 *et* 12. *D. Pro emptore*).

Observons toutefois que, relativement au fils de famille, ceci ne saurait s'appliquer qu'au pécule profectice : quant aux autres pécules, dont la propriété lui est reconnue, il est considéré comme père de famille et acquiert dès lors la possession pour lui-même.

Enfin, on peut acquérir la possession par la personne qui nous la transmet : ce qui a lieu lorsque nous convenons avec celle-ci qu'elle continuera à détenir la chose, mais désormais en notre nom, par exemple, à titre de locataire, d'usufruitier, etc. Dans ce cas, le transmettant est le représentant, l'instrument de l'acquéreur : il réunit en lui l'*animus* et le *corpus* exigés de celui par qui nous acquérons la possession. Les interprètes ont qualifié de constitut possessoire ce mode d'acquisition de la possession, qui est l'inverse de la tradition *brevi manu* dont nous avons déjà parlé.

CHAPITRE VI.

DE LA PERTE DE LA POSSESSION.

Comment se perd la possession? Cette question a longtemps été l'objet de vives controverses qui semblent terminées aujourd'hui. La source de ces discussions était dans l'opposition apparente des lois *III*, § 13, et 44, § 2, *D. h. t.* avec la loi *VIII, D. h. t.* et la loi *CLIII, D. De reg. jur.;* la loi *III*, § 13, et la loi *VIII* étant l'une et l'autre de Paul, on ne saurait admettre une antinomie entre ces deux lois. Tout le monde reconnait aujourd'hui que la possession se perd *vel animo vel corpore;* la possession, en effet, étant un rapport entre une personne et une chose, doit cesser d'exister dès que ce rapport est détruit : ce qui doit arriver toutes les fois que la chose se soustrait à l'empire de notre volonté même malgré celle-ci, et toutes les fois que la volonté renonce à son pouvoir sur la chose, quand même celle-ci continuerait à être à notre disposition : dans le premier cas la possession est perdue *corpore solo*, dans le second, *animo solo.*

Quel est donc le sens de la loi *VIII*, lorsqu'elle dit : *Quemadmodum nulla possessio acquiri, nisi animo et corpore potest : ita nulla amittitur, nisi in qua utrumque contrarium actum est?* Cette loi, ainsi que la loi *CLIII, D. De reg. jur.* conçue dans les mêmes termes, semble exiger le concours de l'*animus* et du *corpus* pour perdre la possession. Tel n'est point le sens de ces deux textes : la comparaison qu'ils établissent entre l'acquisition et la perte de la possession ne porte point sur le concours de l'*animus* et du *corpus*, mais sur la nature de l'une et de l'autre de ces deux conditions : le mot *utrumque* équivaut, dans ces lois, comme dans quelques autres (1), à l'expression disjonctive *l'une ou l'autre*; et Paul a entendu exprimer dans la loi *VIII*, que, soit qu'on perde la possession *animo*, soit qu'on la perde *corpore*, il faut, dans *l'un et l'autre* cas, un acte contraire *(contrarium actum)* : c'est-à-dire qu'il ne suffit pas de la simple absence de l'une des conditions requises pour acquérir la possession, mais qu'il faut un fait contraire. Ainsi d'une part, pour perdre la possession *animo*, ni la simple cessation de volonté, ni même l'incapacité de vouloir survenue par suite de la folie ne sont suffisantes *(L. XXVII, D. h. t.)*; il faut la volonté de ne plus posséder, qui constitue *contrarium actum (L. I*, § 25, *D. De vi)*; et, d'un autre côté, pour perdre la possession *corpore*, il ne suffit pas, par exemple, que la chose mobilière soit momentanément soustraite à notre volonté : il faut qu'elle soit égarée de telle sorte qu'on ne puisse la retrouver après une perquisition diligente.

Tels sont les principes qui régissent la perte de la possession : nous devons maintenant en déduire les conséquences, et, à cet effet, distinguer le cas où nous possédons par nous-mêmes et celui où nous possédons par un tiers.

(1) *L. X*, § 3, *D. De gradibus* — *L. XVI*, *D. De legatis II*. — *L. III*, *C. Communi dividundo*. — *L. VIII*, § 5, *C. De bonis quæ liberis*. — A l'inverse, le mot *alteruter* est employé pour *uterque* dans la loi *I*, § 3, *D. Uti possidetis*.

SECTION PREMIÈRE.

DE LA PERTE DE LA POSSESSION QU'ON EXERCE PAR SOI-MÊME.

Occupons-nous d'abord de la perte de la possession qui a lieu *corpore*.

Les meubles étant susceptibles, à raison de leur nature, de se soustraire plus facilement à notre puissance que les immeubles, la possession s'en doit perdre avec plus de facilité. Traitons donc d'abord de ce qui concerne les meubles.

La possession des meubles se conserve, en général, tant qu'ils restent *sub custodia nostra*, c'est-à-dire tant que nous pouvons en appréhender la possession naturelle à notre gré : *quatenus, si velimus, naturalem possessionem nancisci possimus* (*L. III*, § 13, *D. h. t.*). Toutefois on n'exige pas une possibilité immédiate d'agir sur la chose; il suffit qu'on ait l'espoir fondé d'en réaliser prochainement l'appréhension (*Papin. L. XLIV, pr. D. h. t.*). Il faut, pour perdre *corpore* la possession d'un meuble, un fait (*actum contrarium*) qui soustraie complétement celui-ci à notre puissance : une spoliation violente (*rapina*), un vol (*furtum*) (*L. XV, D. h. t.*), l'égarement de la chose, si nous ignorons absolument où elle est et qu'une perquisition diligente ne puisse nous la faire retrouver (*L. III*, § 13, *L. XXV, pr. D. h. t.*), la chute de la chose dans un lieu inaccessible (*L. XIII, pr. D. h. t.*). Appliquant ces principes aux animaux, les jurisconsultes romains décidaient que la possession des animaux sauvages se perdait avec leur propriété, dès qu'ils avaient repris leur liberté naturelle, et celle des animaux apprivoisés, seulement lorsqu'ils n'avaient plus l'esprit de retour : la possession des premiers ne se conservait que lorsqu'ils étaient enfermés dans un espace assez restreint pour être sous notre main; celle des seconds se conservait, même lorsqu'ils s'éloignaient de nos terres, tant qu'ils n'avaient pas perdu l'habitude d'y revenir (*L. III*, § 14, 15, 16, *D. h. t.*).

La possession des esclaves était assujettie, quant à la manière dont elle se perdait, à des règles spéciales. De même qu'on avait admis que nos esclaves nous acquéraient même malgré eux la possession des choses qu'ils appréhendaient, on décida qu'ils ne pouvaient nous faire perdre la possession des choses qu'ils nous volaient (*L. XV. D. h. t.*). Puis, considérant l'esclave fugitif comme se volant en quelque sorte lui-même à son maître, on décida qu'il ne pourrait pas plus faire perdre à celui-ci sa propre possession que celle d'autres objets mobiliers (*L. XIII, pr. L. XV. D. h. t.*). Le maître n'en perdait donc la possession que lorsqu'une autre personne s'en emparait (*L. I*, § 14. *D. h. t.*), ou qu'il était prêt à soutenir en justice sa liberté (*L. XV*, § 1. *D. De usurp. et usucap.*).

Avant de nous occuper de la perte de la possession des immeubles, nous devons faire observer que, par suite des règles qui régissaient l'interdit *utrubi*, la possession des meubles n'était pas perdue immédiatement d'une manière définitive dans le cas de vol ou de spoliation violente. En effet, dans cet interdit, ce n'était pas le possesseur actuel qui triomphait, mais celui qui avait possédé pendant la plus grande partie de la dernière année (*G. I. IV*, § 150. — *Paul, Sent. L. IV, T. VI*, § 1. — § 4. *I. De interd.*) : la possession n'était donc perdue définitivement que lorsque le possesseur spolié avait laissé écouler six mois depuis la spoliation sans intenter l'interdit. Justinien changea cet état de choses en donnant la préférence, dans l'interdit *utrubi*, comme dans l'interdit *uti possidetis*, au possesseur actuel *(§ 4. I. De interd. — L. I, § 1. D. Utrubi.)*

La possession des immeubles se conserve plus facilement que celle des meubles : et d'abord, la perte par vol ne peut l'affecter, puisque les immeubles ne sont pas susceptibles d'être volés; et, quant à l'égarement, ils n'en sont pas plus susceptibles. Aussi, lorsque n'intervient pas le fait d'un tiers, la possession de ceux-ci ne peut-elle se perdre *corpore*, c'est-à-dire par la cessation de la possibilité de posséder, *adempta possidendi facultate*, que dans deux cas : c'est d'abord lorsqu'il devient impossible au possesseur d'avoir aucun droit sur cette chose, soit que cette impossibilité résulte de sa propre incapacité survenue, par exemple de sa mort ou de sa réduction en servitude, soit qu'elle résulte du changement d'état de la chose, qui se soustrait à tout droit de propriété en cessant d'être *in hominum commercio. (L. XXX*, § 3. -- *L. XXIII*, § 1. *D. h. t.*).

Observons toutefois que la perte de la possession par la mort du possesseur est seulement conditionnelle; l'héritier, bien qu'il ne l'acquiert pas par l'addition d'hérédité, mais seulement par l'appréhension de la chose, est censé, une fois cet acte de maître accompli, avoir possédé du jour de la mort de son auteur, dont il ne fait que continuer la possession *(L. XXIII, pr. D. h. t.)*.

Le second cas dans lequel on perd *corpore* la possession des immeubles, sans l'intervention du fait d'un tiers, c'est celui où vient à surgir un obstacle matériel, qui s'oppose à toute possession de l'immeuble et ne laisse pas espérer dans un avenir prochain la possibilité de la ressaisir. Cela a lieu, par exemple, lorsque le fonds, envahi par les eaux de la mer ou d'un fleuve, en devient le nouveau lit et change ainsi de nature (*L. III*, § 17. — *L. XXX*, *pr. D. h. t.*), mais non lorsqu'il ne survient qu'une inondation passagère, qui empêche momentanément l'exercice de la possession.

Tels sont les obstacles de droit et les obstacles de fait ne venant pas du fait d'un tiers, qui sont nécessaires pour faire perdre la possession *corpore*. La nécessité de l'existence de ces obstacles résulte de la règle qui exige pour la perte de la possession un acte contraire à celui qui la fait acquérir.

Voyons maintenant à quelles conditions les actes d'un tiers peuvent nous faire perdre la possession. Il semble, au premier abord, que, dès là qu'un tiers occupe notre immeuble, fût-ce à notre insu et en notre absence, la possession devrait être considérée comme perdue pour nous, puisqu'un obstacle s'oppose à notre égard à la libre disposition de l'immeuble. Pourtant telle ne fut pas la rigueur du droit romain. On considéra d'abord qu'il serait injuste d'exiger pour la conservation de la possession d'un immeuble un pouvoir immédiat et incessant sur la chose : d'où l'on conclut avec raison que l'éloignement momentané du possesseur ne saurait suffire pour lui faire perdre la possession, tant que celle-ci resterait *vacua*, c'est-à-dire tant qu'un autre ne s'en emparerait pas. C'est en ce sens qu'on disait : *animo solo retinetur possessio* (*L. III*, § 11. *D. h. t.*). Cette maxime reçut bientôt une nouvelle extension lorsqu'on cessa d'exiger cette condition de vacance de la possession. Une opinion qui, du temps de Gaius, était déjà celle de la majorité des jurisconsultes (*G. I. L. IV*, § 153), qui, du temps de Pomponius, était encore controversée (*L. XXV*, § 2. *D. h. t.*) et qui finit par régner sans partage, décida que la possession n'était perdue que du jour où le possesseur de retour, ayant essayé de reprendre la chose, avait été repoussé, ou bien, connaissant l'usurpation, n'avait pas tenté de la faire cesser; dans ce dernier cas, il était censé renoncer à la possession et la perdait *animo* (*L. XLVI*, — *L. VII. D. h. t.*; — *L. I*, § 25. *D. De vi*) (1).

La possession n'était donc perdue par le fait d'un tiers que dans trois cas : 1° Lorsque celui-ci expulsait le possesseur de son immeuble : ce qui constituait la *dejectio* proprement dite (2) ; 2° lorsque, l'immeuble ayant été occupé à son insu, il tentait de le reprendre et était repoussé : ce cas était assimilé au précédent ; *videtur dejectus* (*L. VI*, § 1. *D. h. t.*); 3° enfin, lorsque par crainte il n'avait pas essayé de le reprendre. Cette dernière manière de perdre possession, par cela même qu'on la considérait comme une perte *animo*, était plus complète que les deux autres, c'est-à-dire qu'on n'avait primitivement d'autre ressource pour recouvrer alors la possession que la voie du pétitoire : ce qui est constaté dans une constitution de Justinien (*L. XI*, *C. Unde vi*), constitution dans laquelle cet empereur décide qu'on doit avoir dans ce cas l'interdit *unde vi*, ou, lorsque le tiers occupant a été

(1) Toutefois cela n'est vrai que lorsqu'il s'agit d'une absence momentanée non empreinte de négligence, et dont la durée peut varier selon la nature du fonds. Cette restriction résulte des espèces posées par les textes (*L. VI*, § 1; — *L. XVIII*, § 3; — *L. XXV*, § 2. *D. h. t.*; — § 5. *I. De interd.*) Une extension plus grande donnée à la rétention *animo solo* serait inconciliable avec la rescision de l'usucapion au profit de l'absent. Quand il y a négligence, abandon de l'immeuble laissé improductif, la possession en devient *vacua* et est acquise immédiatement au premier occupant (*L. XXXVII*, § 1, *et L. IV*, § 28. *D. De usurp. et usuc.*). Mais Justinien permit à celui qui avait ainsi laissé la possession *vacua* de la reprendre sans être obligé de recourir à la voie pétitoire (*L. XI. C. Unde vi*).

(2) Remarquons qu'il n'est pas nécessaire qu'il y ait eu violence corporelle : le simple abandon par crainte, suivi de l'occupation de l'immeuble par les auteurs de la crainte, est considéré comme étant l'effet d'une violence morale et constitue une vraie *dejectio* (*L. I*, § 29. *D. De vi*).

de bonne foi, l'interdit *momentaneæ possessionis*, dont parlent déjà deux constitutions de Constantin (*L. V. C. Unde vi*, *VIII*, 4;— *L. I. C. Si per vim*, *VIII*, 5) et une autre d'Arcadius et Honorius (*L. VIII. C. Unde vi*).

Voyons quelles étaient, au contraire, les ressources accordées par la loi au possesseur dépouillé par l'effet de la *dejectio* ou des actes assimilés à la *dejectio*. Un interdit *recuperandæ possessionis* avait été créé pour ce cas par le préteur : c'était l'interdit *unde vi*, qui devait être exercé dans l'année utile ; passé ce délai (*L. I*, § 39. *D. De vi*), il ne restait plus au *dejectus* qu'une action *in factum* jusqu'à concurrence du profit retiré par le *dejiciens* ou par ses héritiers (*L. I*, § 48. *D. De vi*). Le *dejectus* qui intentait l'interdit *unde vi* dans le délai prescrit, devait triompher par cela seul que la *dejectio* était constatée, à moins que la possession perdue par le plaignant ne fût elle-même vicieuse à l'égard de son adversaire : il était donc permis de se réintégrer par force, pourvu que ce ne fût pas à main armée, dans la possession perdue par violence (G. I. liv. IV, § 154 et 155.—P. Sent. Liv. V, t. VI, § 9). Sous Justinien, cette exception ne pouvait plus être opposée au *dejectus* : ce changement est rattaché avec une grande vraisemblance par M. de Savigny à la constitution de Valentinien (*L. VII*, *C. Unde vi*), d'après laquelle la *dejectio* fait perdre à son auteur la propriété même de la chose.

Le *dejectus* pouvait-il exercer en outre l'interdit *uti possidetis?* Il semble d'abord contradictoire de supposer, qu'ayant perdu la possession, il puisse intenter un interdit *retinendæ possessionis*. Mais, si l'on observe que, le vice de violence étant relatif, bien que le *dejiciens* possède à l'égard de tous autres, sa possession ne saurait être opposée au *dejectus*, que celui-ci, par l'effet du vice de violence, est resté possesseur à l'égard du *dejiciens*, que la formule de l'interdit *uti possidetis* refuse toute protection à la possession entachée d'un vice à l'égard de l'adversaire, et que, cet interdit étant double, aucune des parties n'y joue exclusivement le rôle de demandeur ou de défendeur (G. I. liv. IV, §§ 160 et 166), on sera amené à penser que le *dejiciens* pouvait ou exercer l'interdit *unde vi*, ou, se considérant encore comme possesseur, intenter l'interdit *uti possidetis* avec succès *(L. I*, § 9, — *L. III pr. D. Uti possidetis)*. Ces deux interdits ne feront pas d'ailleurs double emploi, ayant l'un et l'autre des avantages différents, qui rendront préférable, tantôt l'exercice de l'un, tantôt celui de l'autre.

Les mêmes raisons doivent nous conduire à penser que le concédant du précaire, outre l'interdit spécial de précaire qui est un interdit *recuperandæ possessionis*, et qui était pour le vice de précaire ce que l'interdit *unde vi* était pour le vice de violence, pouvait à son choix exercer l'interdit *uti possidetis*.

Quant au vice de clandestinité, vice qui était, comme celui de précaire et celui de violence, purement relatif, il semble qu'un interdit *recuperandæ possessionis* correspondant aux interdits *unde vi* et *de precario* a dû être accordé à celui qui avait été dépouillé clandestinement de la possession. Mais la mention unique que fait Ulpien *(L. VII*, § 5. *D. Communi dividundo)* de l'interdit *de clandestina possessione* et le silence qu'observent toutes les autres lois du digeste par rapport à cet interdit, prouvent qu'il a d'abord existé, il est vrai, mais qu'il est tombé en désuétude comme inutile. La disparition de cet interdit était, en effet, la conséquence nécessaire de la nouvelle doctrine, qui exigeait la *dejectio* pour la perte de la possession et considérait la possession clandestine comme n'existant pas (Ulp. *L. VI*, *pr. et* § 1. *De acq. v. am. poss.*). Quelqu'un a-t-il envahi clandestinement un immeuble? il ne possède pas, tant que le spolié n'a pas connaissance de cet acte ; celui-ci tente-t-il en vain de reprendre possession? il la perd par *dejectio*, et, celle qu'acquiert son adversaire étant violente, il a, pour recouvrer la sienne, l'interdit *unde vi*. On voit que, dans ce système, aucune place n'est laissée à l'interdit de clandestinité.

Voyons maintenant comment la possession se perd *animo*. Elle se perd ainsi lorsqu'il y a intention certaine et manifestée d'abandon de la possession de la part de celui qui est capable d'aliéner (1). L'abandon peut être pur et simple ou accompli en faveur d'une personne déterminée au moyen de la tradition. Lorsque l'abandon est pur et simple, c'est-à-dire lorsque le possesseur renonce à la possession sans intention d'en investir une autre personne, la perte de la possession a lieu immédiatement, *protinus*; peu importe qu'il conserve la détention physique de la chose, dès que cesse chez lui l'intention de posséder (*L. III*, § 6. *D. h. t.*) (2). L'abandon qui résulte de la tradition est, au contraire, conditionnel : il ne fait perdre la possession que s'il la trans-

(1) L'abandon que ferait le fou ou le pupille non autorisé ne saurait leur faire perdre la possession (*L. XXVII et XXIX. D. h. t.* — *L. XI. D. De acq. rer. dom.*)

(2) Peu importe que l'abandon soit spontané ou occasionné par la crainte. Toutefois, si l'abandon par crainte était suivi de l'occupation par les auteurs de la crainte, ce serait, comme nous l'avons vu, un cas de perte de la possession *corpore*. Dans le cas contraire, la possession est perdue *animo*, et celui qui a abandonné la possession n'a pas l'interdit *unde vi*, mais seulement l'action *quod metus causa*.

fère à l'acquéreur ou que le transmettant la lui ait crue acquise *(L. XVIII, D. De vi)*. Ainsi, si j'ai livré à un fou que je croyais sain d'esprit, j'ai perdu la possession, bien que le fou ne l'ait pas acquise *(L. XVIII, § 1. D. h. t.)*; mais si vous m'avez envoyé prendre possession du fonds Cornélien, et que j'en aie pris possession croyant occuper le fonds Sempronien, je n'ai pas acquis la possession du fonds Cornélien, et vous ne l'avez pas perdue *(L. XXXIV, pr. D. h. t.)*. Les raisons données pour justifier ces décisions subtiles satisfont du reste fort peu l'esprit, et je ne leur vois pas de base réellement sérieuse; mais telles étaient les décisions des jurisconsultes romains.

SECTION II.

DE LA PERTE DE LA POSSESSION QU'ON EXERCE PAR UN TIERS.

La possession que nous exerçons par un tiers peut se perdre *animo vel corpore*. Et d'abord, comment se peut-elle perdre *corpore?* S'agit-il de meubles, elle se perdra de la même manière que si nous l'exercions par nous-mêmes. S'agit-il d'immeubles, elle se perdra, soit par l'un des événements fortuits que nous avons énumérés dans la précédente section, soit par la *dejectio*. Mais, quant à la *dejectio*, il faut distinguer qui l'a subie. Est-ce le représenté qui l'a éprouvée, tandis que le représentant a continué de détenir l'immeuble? comme le représenté continue à posséder l'immeuble par son représentant, il conserve la possession et ne pourra intenter l'interdit *unde vi*, mais seulement l'action d'injure. Est ce au contraire le représentant qui subit la *dejectio?* comme il était l'instrument du représenté, c'est celui-ci qui subit dans la personne de celui-là la *dejectio* :

il perd donc la possession et peut exercer l'interdit *unde vi* (*L. I*, § 22. *D. De vi*).

Quant à la perte de la possession *animo*, elle a lieu par l'*animus* du représenté de la même manière que si celui-ci possédait par lui-même. Mais l'*animus* seul du représentant ne saurait faire perdre la possession au représenté, en vertu de cette maxime déjà citée : *Solo animo nemo sibi possessionis causam mutare potest*. Pour que le représenté perde la possession, il faut qu'à l'*animus* de son représentant se joigne un acte de nature à la lui faire perdre. Le représentant ne peut donc acquérir la possession pour lui-même qu'à la condition d'intervertir son titre, et il ne suffira pas, à cet effet, que, locataire ou fermier, il ait cessé de payer les fermages, que, créancier gagiste, il ait gardé le gage après le payement, qu'héritier de l'usufruitier, il ait continué à détenir l'objet de l'usufruit éteint : jamais donc un détenteur au nom d'autrui ou ses héritiers ne pourront se prétendre possesseurs, quand même le contrat en vertu duquel ils possédaient ne pourrait plus donner lieu à aucune action. Mais le refus de payer le fermage ou le loyer, ou de restituer la chose, fondé sur une prétention à la propriété, l'expulsion du possesseur ou de celui à qui il a vendu ou donné mandat de posséder en son nom, le vol de la chose mobilière commis par le représentant, sont des actes d'interversion qui feront du détenteur au nom d'autrui un véritable possesseur (*L. XII et XVIII. D. De vi*). Mais si ce détenteur est sous la puissance du possesseur, ces actes seront de nul effet (*L. XV. D. h. t.*).

Dans les cas dont nous venons de parler, c'est le représentant qui acquiert la possession : voyons maintenant comment d'autres la peuvent acquérir par suite de la cessation de l'*animus alieno nomine possidendi* du représentant. Si le représentant meurt ou délaisse le bien, la possession n'est pas perdue pour cela par le représenté : mais si un tiers, c'est-à-dire un individu qui n'est pas l'héritier du détenteur au nom d'autrui, s'en empare, sans que le maître, en ayant la connaissance, cherche à l'en expulser, la possession est perdue par celui-ci (*L. XL*, § 1. *D. h. t.*). Il en est de même si le détenteur au nom d'autrui aliène la chose qu'il détient, à moins que le fermier ne paye à la fois le loyer à son ancien bailleur et à l'acquéreur avec lequel il a fait un nouveau bail (*L. XXXII*, § 1. *D. h. t.*). Mais cette jurisprudence fut changée par Justinien, qui décida (*L. XII*, *C. VII*, 32) que, dans le cas où le représentant aurait abandonné ou transmis le bien par fraude ou négligence, *desidia vel dolo*, le représenté conserverait la possession malgré l'occupation d'un tiers.

DROIT FRANÇAIS.

DE LA POSSESSION DES IMMEUBLES.

CHAPITRE PREMIER.

DE LA NATURE DE LA POSSESSION, DE SES DIVERSES ESPÈCES ET DES EFFETS PROPRES A CHACUNE D'ELLES.

La possession, comme nous l'avons montré en traitant du droit romain, a son fondement dans la propriété même : elle en suppose l'existence, puisqu'elle n'est que l'exercice de ce droit réel ou prétendu : elle est le fait qui y correspond, et, en même temps, le signe le plus ordinaire par lequel il manifeste son existence. C'est donc dans la propriété réelle ou présumée que la possession puise ses droits à la protection du législateur. Si celui-ci a cru devoir protéger la possession, abstraction faite de la propriété, c'est toujours la propriété que dans ce cas même il a eue en vue.

Tel est sans aucun doute le motif qui a déterminé le législateur à accorder à la possession des moyens de protection spéciaux ; toutefois, il n'en faut pas moins reconnaître que, en lui accordant ces garanties, il a élevé la possession à la dignité d'un droit. Les considérations déjà développées sur cette question en droit romain nous dispenseront de nous y arrêter ici longtemps. Qu'il nous suffise de faire observer que, sous l'empire de notre législation comme sous celui de la législation romaine, une action ne pouvant se fonder que sur un droit, l'existence des actions possessoires suppose celle d'un droit de possession, et que, la possession devant seule être prise en considération par le juge du possessoire, on ne peut voir dans la propriété présumée que le motif qui a déterminé la création des actions possessoires, mais non le fondement direct et immédiat de ces actions, le droit qui les engendre et sur lequel s'appuie celui qui les intente. Il est évident, toutefois, que ce n'est qu'en tant qu'elle procure des actions en justice que la possession peut être considérée comme droit : celle qui ne serait protégée par aucune action resterait dans la classe des simples faits. Concluons de là que la possession qui aux qualités requises par l'art. 2229 joint l'annalité, condition de l'exercice des actions possessoires, constitue dans notre législation un véritable droit. Mais que décider relativement à la possession qui n'a pas reçu cette consécration de la durée annale? est-elle un simple fait, ou bien constitue-t-elle aussi un droit? Cette question se rattache à une autre également fort controversée : l'annalité de la possession est-elle exigée pour donner droit à l'exercice de la réintégrande? Nous renvoyons donc pour la solution de la première question à l'examen que nous ferons ci-dessous de la seconde.

Voyons maintenant ce qu'on doit entendre par possession, à proprement parler. L'art. 2228 C. N. définit la possession *la détention ou la jouissance d'une chose ou d'un droit que nous tenons ou que nous exerçons par nous-mêmes ou par un autre qui la tient ou l'exerce en notre nom*. La possession ne consiste pas dans un simple fait matériel et physique de détention, dans un simple rapport corporel, mais dans la détention d'une chose ou la jouissance d'un droit, que nous détenons ou que nous exerçons, par nous-mêmes ou par autrui, *à titre de propriétaire*, *animo domini*. Cette idée ne paraît pas ressortir immédiatement de la définition donnée par l'art. 2228, où cette condition de l'*animus* n'est pas explicitement exprimée. Mais elle est conforme aux principes du droit romain, ci-dessus exposés, à ceux de notre ancienne jurisprudence, qui ne s'en est jamais écartée, au sens que l'on attribue généralement dans le langage même du monde à l'expression de possession; enfin elle ressort de l'article 2228 lui-même comparé avec les articles suivants. De tous ces articles il résulte, en effet, que ceux qui n'ont pas l'*animus domini*, les fermiers, locataires, dépositaires, etc., possèdent pour un autre : s'ils possèdent pour un autre, la possession ne saurait être à eux, mais ne peut évidemment appartenir qu'à celui pour lequel ils possèdent; et l'article 2228, en nous attribuant la possession qu'un autre exerce en notre nom, refuse par là-même à celui-ci la qualité de possesseur. C'est donc à tort que l'art. 2229 range parmi les qualités requises de la possession pour prescrire la non précarité, condition de l'existence même de la possession.

Telle est, dans notre droit, la nature de la possession proprement dite : elle est, comme on le voit, restée la même qu'en droit romain.

La possession produit des effets nombreux : mais comme ces différents effets exigent des conditions différentes pour se produire, on peut distinguer, à ce point de vue, plusieurs espèces de possessions : nous les rangerons dans un ordre tel, que les effets assignés à chacune d'elles seront communs à toutes les possessions suivantes.

Et d'abord se présente, bien qu'elle ne puisse être qu'improprement qualifiée de possession, la détention naturelle ou précaire, à laquelle manque l'*animus domini*, et qui n'est que l'exercice de la possession d'autrui par notre intermédiaire. Telle est la détention du locataire, du fermier, du créancier antichrésiste, etc Elle produit le droit de légitime défense, c'est-à-dire celui d'empêcher, même par la force, un tiers de s'emparer de la chose, et le droit de rétention, c'est-à-dire celui de la garder tant que le cocontractant n'a pas acquitté toutes ses obligations à l'égard du détenteur.

En second lieu, se présente la possession proprement dite, celle qui consiste dans la détention de la chose jointe à l'intention d'agir comme propriétaire : c'est celle que définit l'article 2228. Elle est insuffisante pour prescrire ou pour donner droit aux actions possessoires; mais elle a pour effets : 1° de faire acquérir instantanément la propriété des choses *nullius*; 2° de faire présumer chez celui qui l'exerce la qualité de propriétaire, et de lui assigner le rôle de défendeur dans l'action pétitoire ou possessoire exercée contre lui : si donc le demandeur ne prouve pas à son égard son droit de propriété (au cas d'action pétitoire) ou son droit de possession (au cas d'action possessoire), le possesseur de l'article 2228 triomphera. Enfin, d'après le système de la cour de cassation et de certains jurisconsultes, cette possession aurait en outre pour effet de donner droit à l'action en réintégrande : question dont l'examen trouvera plus loin sa place.

En troisième lieu, on trouve la possession qui, outre les éléments constitutifs de la précédente, réunit les qualités requises par l'article 2229. Cette possession, que nous désignerons sous le nom de possession qualifiée, est nécessaire et suffisante pour l'acquisition de la propriété par la prescription de trente ans.

Qu'aux diverses qualités énumérées par l'art. 2229

vienne se joindre l'annalité, on a le droit de possession, droit réel qui survit un an à la perte de la possession de fait, et est protégé par les actions possessoires.

Enfin, en cinquième lieu, si à toutes ces conditions viennent s'ajouter le juste titre et la bonne foi, le possesseur, au bout de dix ans entre présents, de vingt ans entre absents, aura acquis par prescription la propriété. Il aura même, avant l'expiration de ce laps de temps, le droit de faire les fruits siens, mais seulement tant que durera la bonne foi, et le droit d'être préféré, au moyen de l'action publicienne, au possesseur sans titre.

Toutefois, ces conditions de juste titre et de bonne foi étant tout-à-fait extrinsèques, leur étude rentre plutôt dans celle de la prescription et de l'acquisition des fruits que dans celle de la possession. Nous n'aurons donc à nous occuper successivement que de la détention précaire, de la possession proprement dite, de la possession qualifiée ou afin de prescrire, et de la possession annale ou droit de possession. Et d'abord examinons quelles choses sont susceptibles d'être possédées.

CHAPITRE II.

DES CHOSES SUSCEPTIBLES D'ÊTRE POSSÉDÉES.

Quelles choses sont susceptibles d'être possédées? La possession proprement dite peut chez nous s'appliquer aussi bien aux choses incorporelles qu'aux choses corporelles : notre législation ne connait pas de quasi-possession. Cela résulte de la rédaction de l'art. 2228, dans lequel les expressions de *détention*, *chose*, *tenir*, se rapportent à la possession des choses corporelles, et celles de *jouissance*, *droit*, *exercer*, se rapportent à celle des choses incorporelles. L'art. 2228 pourrait donc être dédoublé, et ce qui, dans son texte, se rapporte à la possession des droits, suffirait à la rigueur, puisque la possession d'une chose corporelle n'est que l'exercice du droit de propriété, chose évidemment incorporelle.

Voyons d'abord quelles sont, parmi les choses corporelles, celles qui sont susceptibles de possession. Toute chose prescriptible peut évidemment être l'objet d'une possession; mais il serait inexact de dire réciproquement que toute chose imprescriptible n'est pas susceptible d'être possédée. Et d'abord, quant aux choses dont l'imprescriptibilité dépend de la qualité du propriétaire, telles que les immeubles dotaux, les biens des mineurs, des interdits, etc., il est évident qu'elles peuvent non-seulement être possédées de fait, mais encore donner droit aux actions possessoires. Comment, en effet, la femme dotale, le mineur ou l'interdit pourraient-ils établir devant le juge de paix l'imprescriptibilité de l'immeuble, sinon en justifiant qu'ils en sont propriétaires, et en soulevant, par conséquent, une question de propriété qui ne peut être prise en considération par le juge du possessoire, mais doit être réservée pour l'instance au pétitoire? Que décider relativement aux choses du domaine public, également déclarées par la loi imprescriptibles. Le juge de paix ne peut trancher la question de savoir si la chose litigieuse fait ou non partie du domaine public, car il statuerait sur une question de propriété: il devra donc toujours, ce semble, maintenir en possession le plaideur qui aura établi sa possession annale et réserver cette question au juge du pétitoire. Cependant la Cour de cassation admet une exception à ces principes, et veut que, si le droit du domaine public sur l'immeuble est évident, comme dans le cas où la largeur d'un chemin vicinal a été fixée par le préfet sauf le recours en indemnité, et où, par conséquent, il n'y a qu'à vérifier cette largeur pour juger s'il y a empiètement, le juge du possessoire déboute de sa demande le particulier qui se prétend possesseur. Cette exception, fondée sur des raisons d'utilité et de simplification des procès, peut difficilement se concilier avec les principes, car elle laisse en définitive un magistrat juge de l'évidence d'un droit dont l'examen est en dehors des limites de sa compétence.

Quelles sont maintenant, parmi les choses incorporelles, celles qui peuvent être possédées?

Les droits personnels ne peuvent faire l'objet d'une possession : leur nature même s'y oppose : les locataires, dépositaires, fermiers, etc., ne sont donc point possesseurs. Il en est de même de tout droit réel qui s'éteint par le seul exercice qu'on en fait : tel est le droit d'hypothèque. La possession ne se peut donc appliquer qu'au droit de propriété et à ses démembrements, c'est-à-dire, aux servitudes personnelles et aux servitudes réelles.

Quant aux servitudes personnelles, l'usufruit, l'usage et l'habitation, toutes sont susceptibles de possession. Cependant l'article 2236 range l'usufruitier parmi les détenteurs précaires : mais c'est seulement au point de vue de la propriété que s'est placé le législateur, en édictant cette disposition. L'usufruitier, tout en ne possédant la propriété qu'au nom de nu-propriétaire, tout en n'étant, quant à celle-ci, qu'un détenteur précaire, est, au contraire, quant au droit d'usufruit qu'il exerce, possesseur *pro suo, animo domini*, à titre de propriétaire. Il faut décider de même des droits d'usage et d'habitation.

Parmi les servitudes réelles, toutes ne sont pas susceptibles d'être possédées. Et, tout d'abord, écartons tous ces droits improprement qualifiés par le législateur de servitudes légales ou dérivant de la situation naturelle des lieux, simples réglementations des droits des propriétaires voisins, facultés résultant du droit de propriété, qu'on est libre d'exercer ou non, sans que leur non-exercice puisse constituer une possession en faveur du propriétaire voisin, aux termes de l'article 2232.

Ainsi, le propriétaire du fonds supérieur trouve-t-il sur son terrain une source qui s'écoule naturellement sur le fonds inférieur, le propriétaire de celui-ci ne peut se plaindre, se fondant sur la possession de liberté de son héritage; il en serait de même si jusque-là le propriétaire du fonds supérieur avait trouvé bon de retenir ses eaux : ces prétendues servitudes ne peuvent donc fonder ni possession, ni actions possessoires, ni prescription (article 2232). Le trouble apporté à leur exercice peut toutefois donner lieu aux actions possessoires, mais en tant qu'il porte atteinte à l'exercice du droit de propriété.

Occupons-nous maintenant des servitudes établies par le fait de l'homme, c'est-à-dire des servitudes proprement dites. Parmi celles-ci, il est toute une classe de servitudes auxquelles leur nature même ne permet pas d'être l'objet d'une possession : ce sont les servitudes négatives, qui ne sont susceptibles d'aucun acte de jouissance de la part de leur propriétaire. Telles sont celles de ne pas bâtir, de ne pas planter, de ne pas recevoir les eaux découlant du fonds supérieur, etc. C'est qu'en effet, comme nous venons de le faire remarquer, les droits qu'a le propriétaire de bâtir sur son terrain, d'y planter, de laisser écouler ses eaux sur le fonds inférieur ne sont que des facultés qu'il est parfaitement libre d'exercer ou non et pour l'exercice desquelles il peut choisir le temps qui lui convient et ne relève que de ses propres appréciations. Non-seulement donc le propriétaire voisin ne pourra acquérir par prescription une de ces servitudes, mais il ne pourra même agir au possessoire pour s'opposer aux constructions et plantations voisines. Eût-il fait signifier à son voisin une défense de bâtir sur ces terres : cette défense, faite sans aucun droit, ni réel ni prétendu, et qui n'a pu être prise, par celui qui l'a reçue, pour un acte sérieux, ne peut avoir pour effet, comme le soutiennent certains auteurs, de faire courir la prescription, et de priver le propriétaire, au bout de trente ans écoulés sans bâtir ni répondre à la notification, du droit de construire sur son terrain.

Quant aux servitudes positives, celles que la loi déclare prescriptibles, c'est-à-dire les servitudes continues et apparentes, sont évidemment susceptibles de possession : ainsi l'on peut posséder une servitude de vue, une servitude d'aqueduc, etc., et intenter les actions possessoires contre ceux qui en troubleraient la jouissance

Les servitudes continues et non apparentes sont déclarées par l'art. 691 non susceptibles d'être acquises par prescription; il en est de même des servitudes discontinues, apparentes ou non. Quelle est la raison de cette disposition de l'art. 691? Pour les servitudes non apparentes, le motif de leur imprescriptibilité est dans le vice de clandestinité qui en entache la possession et la rend inefficace pour la prescription; pour les servitudes discontinues, elle est dans le caractère équivoque de leur possession, laquelle peut fort bien n'être, en réalité, que le résultat de la tolérance et l'effet des relations de bon voisinage. La loi aurait craint, en autorisant la prescription de ces sortes de servitudes, d'altérer les bonnes relations entre voisins : ce qui n'aurait pas manqué d'arriver, si chaque propriétaire, en tolérant des actes qui, sans lui porter de préjudice actuel, rendent des services parfois fort grands au propriétaire voisin, avait eu à craindre que sa complaisance ne tournât à son préjudice et que sa tolérance ne fondât un droit contre lui. Tels sont bien des motifs qui ont dicté l'art. 691 : mais la prohibition qu'il porte est absolue, et, fût-il certain que ce n'est pas à titre de simple tolérance qu'une servitude discontinue, comme celle du passage ou de puisage, a été exercée, par exemple, s'il y a eu contradiction opposée au propriétaire du fonds ou titre émané *a non domino*, la prescription n'en sera pas moins impossible.

Mais de l'imprescriptibilité de ces servitudes résulte-t-il qu'elles ne soient pas susceptibles de possession ? Non, car, si les actes par lesquels on les exerce peuvent n'être accomplis qu'à titre de tolérance, il peut se faire également qu'ils le soient à titre de droits, et, dès lors, ils constituent la possession d'une servitude. Cependant, comme la possession requise pour donner droit aux actions possessoires exige les mêmes qualités que la possession pour prescrire, la possession d'une servitude discontinue devra, pour pouvoir fonder une action possessoire, perdre son caractère équivoque, et, à cet effet, s'appuyer sur un titre quelconque. Le juge de paix n'aura point, du reste, à examiner la valeur de ce titre, qui n'est requis, devant sa juridiction, que pour colorer la possession : cet examen rentrera dans les attributions du juge du pétitoire.

Avant le Code, certaines coutumes admettaient la prescription des servitudes discontinues par une possession immémoriale : l'existence de semblables servitudes acquises de cette manière avant la promulgation du Code est consacrée et protégée par l'article 691 ; mais, comme, pour prouver qu'elles sont susceptibles d'une possession donnant droit aux actions possessoires, il faudrait prouver la possession immémoriale accomplie avant la promulgation du Code, et que cette preuve, qui n'est autre que celle de l'existence du droit de servitude lui-même, ne saurait rentrer dans la compétence du juge de paix, les actions possessoires ne pourront être admises en cette matière qu'autant que la possession immémoriale aura été précédemment reconnue par un jugement.

Ce que nous venons de dire des servitudes discontinues doit s'appliquer aux droits de parcours et de vaine pâture, véritables servitudes, puisqu'elles suivent le fonds en quelques mains qu'il passe. La vaine pâture d'après le droit commun des coutumes, était de tolérance, à moins d'être fondée sur un titre (*Bretagne, art.* 393. — *Lorraine, tit.* 14, *art.* 23 *et* 24. — *Epinal, tit.* 10, *art.* 25 *et* 26. — *Orléans*, 185. — *Blois*, 214. — *Romorantin*, 11); certaines coutumes admettaient l'acquisition du droit de vaine pâture par possession immémoriale, mais en exigeant certains actes qui prouvaient qu'on avait possédé *pro suo* (*Nivernais, ch.* 10, *art.* 26. — *Troyes*, *art.* 168. — *Chaumont*, *art.* 102). Dans certaines provinces, c'était une servitude naturelle proprement dite (*Montargis, ch. IV, art.* 1, 2, 3. — *Bourbonnais*, *art.* 131 *et* 132. — *Poitou*, *art.* 163, 195, 196). Le C. N. a accordé au propriétaire d'un fonds assujetti à la vaine pâture le droit de se clore aux conditions prescrites par l'art. 648. Mais, tant qu'il ne s'est pas clos, la servitude existe sur son fonds, et, dès lors, est susceptible de possession et peut donner droit aux actions possessoires, car l'article 648, en accordant les moyens de s'en dégager, n'a pas enlevé à la vaine pâture son caractère de servitude dans les pays où elle avait ce caractère.

CHAPITRE III.

DE LA DÉTENTION A TITRE PRÉCAIRE.

Nous avons expliqué le sens que les Romains donnaient à l'expression de précaire. Ce mot a chez nous une signification toute différente. On désigne par possession ou plutôt détention précaire la détention de celui qui ne possède que pour un autre, qui n'est que l'instrument de la possession d'autrui. Cette détention, que les Romains appelaient quelquefois possession naturelle ou corporelle, n'est pas, avons-nous dit, une vraie possession, puisque le possesseur est celui dont le détenteur précaire est l'instrument (article 2228).

La classe des détenteurs précaires est fort nombreuse : nous allons tâcher d'en énumérer le plus grand nombre. Et d'abord, sont détenteurs à titre précaire, mais seulement par rapport au droit de propriété, l'usufruiter, l'usager, et celui qui jouit d'un droit d'habitation, lesquels ont d'ailleurs, par rapport au droit qu'ils exercent, une véritable possession. Le locataire, le fermier, le séquestre, le procureur, le *negotiorum gestor* ne sont que des détenteurs à titre précaire, car ils n'ont pas de droit réel sur la chose ; quant au créancier antichrésiste, il a bien un droit réel : mais ce droit, consistant à lui procurer la préférence sur le prix de vente de l'immeuble, s'éteint par l'exercice qu'on en fait et n'est pas susceptible de possession. Le tuteur est détenteur précaire des biens de son pupille; le mari, des biens de sa femme dont il a l'administration, c'est-à-dire, sous le régime de la communauté, des propres de sa femme, et, sous le régime dotal, des immeubles dotaux. Il est, en effet, incontestable qu'aujourd'hui le mari n'est plus propriétaire, comme en droit romain, des biens dotaux, ni, comme dans l'ancien droit coutumier, des propres de la femme. La doctrine contraire, qui s'appuie cependant d'une autorité imposante, n'est qu'un retour inutile à des années surannées, et serait en contradiction avec tous les principes de notre droit actuel.

Ce caractère de précarité, qui s'attache à la détention de toutes les personnes ci-dessus énumérées et les empêche de posséder, et, par suite, de prescrire (art. 2236), comment s'effacera-t-il? Que faudra-t-il pour transformer la détention précaire en possession véritable? Dès là que disparait le titre, cause de la précarité de la possession, dès là que la qualité sur laquelle elle se fondait n'existe plus, il semble que le détenteur devrait devenir possesseur *animo domini.* En effet, qu'un locataire ou fermier dont le bail est expiré, se mette à posséder *pro suo;* que l'ex-tuteur dont le pupille est devenu majeur, que le mari dont la femme est morte, retienne les biens de son ex-pupille, de sa femme; que l'usufruitier dont le droit était limité à un terme actuellement expiré, continue à jouir de l'immeuble : dans tous ces cas il y a bien interversion de la possession, car il n'y a plus ni bail, ni bailliste, ni tutelle, ni tuteur, ni mariage, ni mari, ni usufruit, ni usufruitier, et à ces titres de possession a été substitué celui d'usurpateur. Il semble donc que la qualité, cause de la précarité de la possession, n'existant plus dans ces différents cas, les détenteurs devraient être considérés comme possesseurs en leur propre nom. Mais il n'en est point ainsi : la précarité est une tache qui ne s'efface que très-difficilement et survit à la cause qui l'a produite. Ainsi, l'ex-tuteur, qui continue de posséder, après la majorité de son pupille, les biens de celui-ci, n'est censé les posséder qu'à titre précaire, bien que sa tutelle n'existe plus; il en est de même du mari qui continue de détenir les biens de sa femme décédée, du fermier ou locataire qui ne restitue pas la chose après l'expiration du bail, etc. Cette rigueur est consacrée par l'art. 2240 en ces termes : *On ne peut prescrire contre son titre, en ce sens qu'on ne peut se changer à soi-même la cause et le principe de sa possession.* Le vice de précarité ne peut disparaître que par suite d'un des modes d'interversion indiqués en l'art. 2238. L'art. 2237 fait lui-même l'application de cette doctrine à un cas particulier, celui du décès du détenteur précaire : les héritiers de celui-ci sont placés dans la même position que leur auteur, ils ne peuvent posséder à un autre titre que le sien : l'héritier du mari, du tuteur, ne possédera les biens de la femme, du pupille, qu'à titre précaire; l'héritier de l'usufruitier, bien que l'usufruit soit éteint par la mort de celui-ci, ne pourra se considérer comme possesseur *animo domini* et possédera pour le propriétaire (1).

Allons plus loin, et décidons que, après l'extinction par

(1) C'est en vain que la cour de Rennes, lors de la rédaction du Code, demanda, en faveur des héritiers de l'usufruitier, une exception que ne pouvait justifier aucune raison particulière : l'ancien principe, toujours admis dans notre ancien droit *(D'Argentré, sur l'art. 265 de la coutume de Bretagne)* malgré les objections auxquelles avait victorieusement répondu Paul de Castro, a été maintenu dans notre Code.

prescription des obligations personnelles contractées par le détenteur précaire à l'égard du possesseur, la précarité continue toujours de subsister et empêche la prescription acquisitive de s'accomplir. L'extinction des obligations personnelles du détenteur n'a aucune influence sur l'acquisition de la propriété par celui-ci. S'il n'est plus obligé en vertu du contrat, il reste obligé à restitution comme détenteur de la chose d'autrui : libéré de l'action personnelle, il n'est pas à l'abri de l'action réelle en revendication. Cette distinction entre la prescription extinctive et la prescription acquisitive résulte de la comparaison des articles 2240 et 2241, qui permettent la première et prohibent la seconde (1). L'extinction par la prescription de trente ans, des actions personnelles en restitution de dot ou autres, appartenant à la femme, au nu-propriétaire, au locataire, au déposant, etc., n'entraînera point la prescription de l'action réelle, fondée sur le droit de propriété de ces diverses personnes (2):

(1) C'est donc à tort que M. Troplong reconnait une interversion efficace dans le fait de la reddition de comptes par l'ex-tuteur et même dans la prescription décennale de l'action personnelle ayant pour but de l'obtenir, car la reddition de comptes n'a d'autre effet, comme le reconnait lui-même ce savant magistrat, que d'éteindre les actions personnelles nées de la tutelle, et laisse, par conséquent, subsister intacte l'action en revendication que le pupille peut avoir contre le tuteur.

(2) La cour de Toulouse avait voulu introduire dans le Code une prétendue règle des corrélatifs enseignée par Dunod, en vertu de laquelle toute partie se prévalant d'un titre aurait été tenue par cela même de l'exécuter sans invoquer la prescription. Il en serait résulté que, si, ayant un droit d'usufruit ou d'usage à moi concédé à charge d'une redevance annuelle, j'avais joui trente ans sans payer de redevance, je n'aurais pu prescrire la libération de cette dette. Cette règle est d'une fausseté facile à saisir, car, en exécutant le contrat en ce qu'il a d'avantageux pour moi, suis-je censé reconnaître les obligations qu'il m'impose? Ne puis-je pas m'en être libéré? La présomption de cette libération ne résulte-t-elle pas de l'inobservation de la clause qui établissait la

ce droit existera toujours et traversera les siècles intact, tant que les héritiers des détenteurs précaires continueront à détenir la chose sans avoir interverti légalement leur titre de possession : *ad primordium tituli semper refertur eventus.* Le parlement de Paris fit une application fort remarquable de ces principes dans son fameux arrêt du 21 août 1551, par lequel il condamna l'évêché de Clermont à restituer à Catherine de Médicis la seigneurie de cette ville, possédée *animo domini* par les évêques depuis plus de trois cents ans, parce qu'elle ne leur avait été remise à l'origine qu'à titre de dépôt. La cour de Nancy a appliqué les mêmes principes, dans un arrêt du 31 mai 1833, à une possession dont certains titres remontant au XIIe siècle établissaient l'origine précaire. On voit par là combien est vraie cette maxime si connue : *Meliùs est non habere titulum quam habere vitiosum.*

Dans quels cas et par suite de quels actes la détention précaire peut-elle donc se transformer en possession proprement dite ? Lorsque le détenteur précaire aliène l'immeuble, ce n'est point la possession précaire qui se transforme, c'est une possession nouvelle qui naît dans la personne de l'acquéreur et n'emprunte rien à celle de l'aliénateur. On n'y peut donc pas voir un cas d'interversion de titre par le détenteur précaire.

L'art. 2238 reconnaît deux causes d'interversion légale :

redevance? C'est en vain qu'on voudrait combattre cette décision par des analogies; si la réception de la prestation annuelle dûe pour l'usage empêche celui-ci de s'éteindre par prescription, si la possession du gage empêche l'obligation de se prescrire, c'est que cette réception de prestations, cette rétention du gage constituent de la part du propriétaire qui doit l'usage, du débiteur qui a donné le gage, des reconnaissances qui interrompent la prescription.

la cause venant d'un tiers, et la contradiction opposée au droit du propriétaire.

Et d'abord, quand y a-t-il interversion légale venant d'un tiers ? Cette interversion a lieu lorsque le détenteur précaire se rend acquéreur de la chose par un titre translatif de propriété concédé par un tiers. Quant à cette première cause d'interversion, le laconisme de l'art. 2238 a été critiqué. M. Vazeille exige, comme le voulaient jadis Bruneman et Dunod, qu'à l'acquisition se joigne un fait de contradiction à l'égard du possesseur; système qui réduirait en réalité à une seule, la contradiction, les deux causes d'interversion légitime dont parle l'art. 2238. Les cours d'Orléans, de Toulouse, de Nancy, de Lyon, de Bourges et de Grenoble réclamèrent lors de la confection du Code, une rédaction plus explicite de l'art. 2238, dont le laconisme leur semblait offrir des dangers. Ces craintes n'étaient pas fondées et n'ont pas dû être prises en considération, car l'art. 2238 ne dispense pas le détenteur précaire qui se porte acquéreur, des autres conditions exigées par la loi pour la prescription : cet article doit être, en effet, rapproché de l'art. 2229, et, si la possession que le détenteur précaire s'est acquise en vertu de l'art. 2238 ne réunit pas toutes les qualités requises par l'art. 2229, elle sera impuissante à le conduire à la prescription et même à lui procurer le bénéfice des actions possessoires. Si donc le fermier a continué de payer les fermages, sa possession *animo domini* restera inutile comme clandestine. Il en sera différemment, s'il a cessé de les payer. Toutefois les magistrats devront déjouer la fraude et rechercher si le fermier n'a pas fait disparaître les quittances sous seing-privé de ses fermages, indices d'une possession précaire.

Si le titre nouveau a été concédé au détenteur précaire par

celui-là même qu'il représentait, ce fait constituera l'interversion la plus légitime, car l'ancien possesseur perdra immédiatement le droit de revendiquer sa chose.

La seconde cause d'interversion légale est la contradiction opposée au droit de celui pour lequel on possédait. La simple cessation de payement des loyers ou fermages de la part du locataire ou fermier est insuffisante à intervertir le titre ; mais si le fermier fonde son refus de payer les fermages sur des prétentions à la propriété, de ce jour il possède et peut prescrire. Si la contradiction résulte d'un fait dont on ne pouvait se procurer une preuve écrite, par exemple d'une expulsion, la preuve testimoniale sera admise. Mais une contradiction verbale serait insuffisante, car on pouvait la faire constater par écrit au moyen d'une signification notifiée au possesseur. La contradiction est donc plus puissante que la reconnaissance par le possesseur du droit du détenteur précaire. Cette reconnaissance serait en effet insuffisante pour faire de celui-ci un possesseur véritable, car elle peut n'être que le résultat d'une erreur : *Si sit simplex recognitio, non immutatur qualitas rei, quæ tanquam erronea cedat veritati.*

Nous pouvons comprendre maintenant quel est le sens précis et l'étendue de cette règle, qu'on ne peut prescrire contre son titre : elle a simplement pour but d'empêcher le détenteur précaire de se rendre possesseur véritable, sans un des faits d'interversion légitime exigés par la loi. Mais elle ne signifie nullement, comme l'explique fort bien l'art. 2241, qu'on ne peut se libérer par prescription des obligations qu'on a contractées ; en d'autres termes, la règle de l'art. 2240 ne s'applique qu'à la prescription acquisitive et non à la prescription libératoire.

CHAPITRE IV.

DE L'ACQUISITION ET DE LA PERTE DE LA POSSESSION.

Nous diviserons ce chapitre en trois sections : la première traitera de l'acquisition de la possession ; la deuxième, de sa perte ; et la troisième, de sa translation. Bien que la translation de la possession ne soit qu'une manière de l'acquérir et de la perdre, elle devait, à raison des règles particulières qui la régissent, faire l'objet d'une section spéciale.

SECTION PREMIÈRE.

DE L'ACQUISITION DE LA POSSESSION.

La possession s'acquiert, comme en droit romain, *corpore et animo.* Remarquons que nous ne parlons ici que de la possession de fait, et non du droit de possession, qui n'existe que lorsque celle-ci a déjà duré une année. L'acte corporel acquisitif doit être un acte de maître, qui implique et suppose l'intention de posséder comme propriétaire. Cet acte pourra avoir une plus ou moins grande portée et fera acquérir la possession de la propriété ou celle d'une servitude, selon qu'il emportera prétention à l'un ou à l'autre de ces droits. Il importe donc beaucoup de reconnaitre la portée de l'acte acquisitif de possession. Or, comment distinguer si cet acte a en vue la propriété même ou seulement l'un de ses démembrements? Le juge devra interpréter l'acte restrictivement, si celui qui l'a accompli est en présence du propriétaire ou d'un possesseur antérieur ; mais si les actes de possession sont invoqués, au contraire, comme moyen d'indiquer le propriétaire, ils devront être considérés comme ayant eu en vue la possession de la propriété plutôt que celle d'une simple servitude.

L'acte corporel acquisitif de possession peut s'accomplir sans l'intervention de personne : le propriétaire s'approprie le fait de sa chose : ainsi, la croissance naturelle des arbres à une distance moindre que la distance légale constitue la possession d'une servitude par le propriétaire du fonds où croissent ces arbres.

Un simple fait moral qui n'atteint point la chose, tel qu'une sommation, le payement des impôts, la vente de l'immeuble, l'assermentation d'un garde, ne peut être considéré comme un acte acquisitif de possession : il faut un acte d'hostilité formelle, qui touche matériellement l'immeuble et porte atteinte à la jouissance du possesseur.

Mais cet acte corporel ne suffit point pour acquérir la possession : celui qui fait un acte de maître sur une chose doit, pour en devenir possesseur, avoir l'*animus domini*, l'intention de posséder; s'il n'accomplit cet acte que dans le but de commettre un délit, si, par exemple, il vient dérober les fruits, cet acte coupable qui n'implique aucune prétention à la propriété du fonds ne pourra l'en constituer possesseur. Il faut donc que l'auteur de l'acte l'exécute avec l'intention d'agir comme propriétaire, avec la prétention, fondée ou non, de bonne ou de mauvaise foi, d'être propriétaire.

Mais, quant à la réalisation de cette condition de l'*animus*, on doit se montrer plus large et moins scrupuleux que le droit romain et ne pas admettre certaines subtilités incompatibles avec la simplicité de notre législation. Ainsi, il est hors de contestation chez nous que les habitants d'une commune représentent celle-ci quant à la possession, et que la commune peut posséder par ses membres. Cette décision n'était pas admise en droit romain, parce qu'une universalité d'habitants ne pouvait, disait-on, pratiquer des actes de possession comme universalité : Pothier suivait ces errements ; mais la jurisprudence s'en était dégagée, et Brunneman pouvait dire : *Sed in foro hodie ista subtilitas cessat ; non minus enim possidet universitas quam privatus.* Décidons encore, contrairement au droit romain, que l'erreur sur la chose possédée n'empêche pas la possession, car on ne peut nier au possesseur l'intention de posséder la chose qu'il détient, quelque fausse que soit d'ailleurs l'opinion qu'il a sur cette chose elle-même.

Les incapables peuvent acquérir la possession, pourvu qu'ils en aient l'intention. Cette proposition doit s'appliquer à tous les incapables, au mineur, à la femme mariée, à l'interdit pour cause de démence, car la possession est un fait qui résulte du concours de l'*animus* et du *corpus*, et, quant au droit de possession, il pourra valablement être opposé aux tiers par ces incapables, aux termes de l'article 1125, qui ne permet qu'à ceux-ci de se prévaloir de leur propre incapacité.

Voyons maintenant comment on acquiert la possession par représentant. Et d'abord, les administrateurs des corps moraux, les habitants d'une commune, les tuteurs des mineurs et interdits représentent ces différentes personnes *corpore* et *animo* et leur acquièrent la possession en l'absence même de toute intention de leur part. Quant aux personnes capables, il en est différemment, et la possession ne leur peut être acquise sans leur volonté : si donc un *negotiorum gestor* a fait acte de prise de possession en notre nom, la possession ne nous sera pas acquise, si nous ne ratifions cet acte : la ratification aura d'ailleurs un effet rétroactif au jour de la prise de possession. Si le représenté doit avoir l'intention de posséder, doit-on exiger également cette intention du représentant? On le devait, en droit romain ; mais l'esprit de notre droit repousse une pareille rigueur. Qu'a-t-on besoin, en effet, de recommander aux ouvriers qu'on emploie sur un terrain d'avoir l'intention de posséder en notre nom et de nous acquérir la possession? ils ne sont que nos instruments ; et ne posséderait-on pas d'ailleurs aussi bien, comme le fait remarquer M. Troplong, si l'on envoyait des troupeaux paître sur l'immeuble litigieux? L'intention de la personne employée, n'est donc point nécessaire, et l'on peut aussi bien acquérir la possession par un fou que par un homme sain d'esprit. Le représentant prétendît-il même qu'il a eu l'intention de posséder pour lui-même ou pour un autre que nous, cette allégation ne pourra être admise à moins qu'il n'ait manifesté hautement son intention, en accomplissant les actes de possession qu'il devait accomplir en notre nom.

SECTION II.

DE LA PERTE DE LA POSSESSION.

En droit français comme en droit romain, il faut, pour perdre la possession, un acte contraire, soit qu'il consiste dans un fait corporel, *corpus*, soit qu'il consiste simplement dans l'intention, *animus*. D'où il résulte qu'il ne suffit pas, pour perdre la possession d'un immeuble, de cesser, pendant un certain temps, d'y accomplir des actes de maître : cette inaction pourra bien être nuisible au possesseur, en enlevant à sa possession le caractère de continuité, condition exigée pour qu'elle donne droit aux actions possessoires et puisse conduire à la prescription : mais nous n'entendons parler ici que de la possession proprement dite, de la possession de fait, qui se conserve *solo animo*. Il faudra, pour que cette possession soit ravie au possesseur, qu'à son inaction se joigne l'intention de ne plus posséder, d'abandonner l'immeuble, ou le fait d'un tiers qui l'usurpe et en acquière ainsi la possession pour lui-même.

La possession se perd donc de deux manières : *corpore*, par l'usurpation d'un tiers en la destruction de l'immeuble, *animo*, par l'abandon volontaire.

Occupons-nous d'abord de la perte qui a lieu *corpore* :

L'immeuble peut se soustraire de lui-même à notre puissance, s'il est détruit par une force majeure, telle qu'une inondation définitive, le changement de lit d'un fleuve, l'envahissement définitif de la mer, événements qui font perdre même la propriété. Mais une simple impossibilité momentanée de jouissance, causée, par exemple, par une inondation passagère, eût-elle duré un an, ne saurait avoir pour résultat, comme l'enseignaient si injustement les anciens auteurs, Jason, Alexandre d'Imola, d'Argentré, Dunod, par suite d'une interprétation erronée des lois romaines, de faire perdre au possesseur, resté forcément inactif, une possession pour la garde de laquelle il n'a aucune négligence à se reprocher.

En dehors de ces cas fort rares de destruction de l'immeuble, la possession ne se peut perdre *corpore* que par l'usurpation d'un tiers qui s'en empare. Il n'est point nécessaire chez nous, comme en droit romain, que le possesseur ait été expulsé violemment ou ait tenté sans succès de reprendre l'immeuble, pour pouvoir, s'il a le droit de possession, intenter les actions possessoires : la législation française, en effet, ne les accorde pas seulement, comme la loi romaine accordait l'interdit *unde vi*, à celui qui a été victime de la violence, mais à tous ceux qui, ayant le droit réel de possession, ont, d'une manière quelconque, perdu la possession de fait. On ne doit pas exiger non plus, pour que la possession soit perdue, que le possesseur ait eu connaissance de l'usurpation. S'il en était autrement en droit romain, c'est que, sans cette décision, l'ancien possesseur n'aurait pas eu de moyens de rentrer en possession, l'interdit *recuperandæ possessionis* n'étant donné qu'au *dejectus*. La loi française, au contraire, lui permettant d'exercer dans ce cas l'action possessoire et lui accordant un délai d'un an à cet effet, présume qu'il n'a pu ignorer aussi longtemps l'usurpation, et la négligence de celui qui reste une année entière sans s'enquérir de son immeuble et sans avoir connaissance de l'usurpation ne mérite point la protection de la loi : *Vigilantibus, non dormientibus jura scripta sunt*. En résumé, la possession de fait se perd immédiatement par l'usurpation d'un tiers; le droit de possession lui survit un an; mais, comme il n'est lui-même acquis que par la possession annale, on voit l'importance qu'il y a à ne pas laisser interrompre sa possession de fait pendant la première année.

La possession se perd *animo* par la volonté contraire, c'est-à-dire par l'abandon volontaire. La simple cessation de l'intention de posséder ne suffit pas pour nous faire perdre la possession une fois acquise : il faut avoir l'intention de ne plus posséder, *animus non possidendi*.

L'abandon peut être pur et simple ou constituer une translation de possession : ce second cas devant faire l'objet d'une section spéciale, nous n'avons à nous occuper ici que du premier. L'abandon pur et simple ou abdication doit se manifester par des actes extérieurs. Mais il n'a pas besoin d'être exprimé : il peut être tacite et résulter d'une cessation prolongée de jouissance. Il n'y a du reste aucun terme assigné à la durée de cette cessation : ce sera aux juges à apprécier si elle est suffisante pour établir l'intention d'abdiquer de la part du possesseur. Elle devra être plus ou moins longue selon la nature de la chose et le mode de jouissance dont elle est susceptible : c'est donc à tort que certains auteurs, Balbus, Favre, Dunod, exigeaient un laps de dix ans, se fondant sur la loi *XXXVII*, § 1, *D. De usucap.*, et entendant par *longum tempus* ce nombre d'années, parce que c'était le terme de la prescription de long temps.

Toute personne ne peut pas perdre la possession par abandon volontaire : les incapables cesseraient en vain de jouir de leurs immeubles : ne pouvant aliéner ni rendre leur condition pire, ils ne peuvent abandonner volontairement la possessio.

Jusqu'ici, il n'a été question que de la perte de la possession que nous exerçons par nous-mêmes. La perte de celle qui s'exerce par l'intermédiaire d'un détenteur précaire est soumise à des règles particulières. Or cette possession peut être perdue, soit au profit du détenteur précaire, soit au profit d'un tiers. Nous avons vu, au chapitre précédent, comment le détenteur précaire pouvait s'acquérir à lui-même la possession au détriment de celui qu'il représentait ; examinons donc maintenant comment la possession se perd au profit d'un tiers : hypothèse qui se réalise, soit lorsque le détenteur précaire cède la chose à un tiers, soit lorsqu'un tiers enlève la possession au détenteur précaire.

Et d'abord, disons-nous, lorsque le détenteur précaire cède la chose à un tiers, la possession est perdue pour le représenté. Cette décision résulte de l'art. 2239, qui reconnait la faculté de prescrire à ceux qui tiennent leur possession du détenteur précaire en vertu d'un titre translatif de propriété. Il découle de là une grande différence entre les successeurs universels et les successeurs particuliers du détenteur précaire : la possession des premiers est entachée du même vice que celle de leur auteur; la possession des seconds est une possession nouvelle, qui peut conduire à la prescription. Mais qu'il nous suffise d'avoir indiqué ici ces principes dont les développements trouveront leur place naturelle au chapitre de l'accession des possessions. Le titre translatif de propriété consenti par le détenteur précaire doit être sérieux, et non simulé : est-ce par exemple un acte de vente, il faudra examiner s'il ne cache pas une sous-location. Mais, l'acte est-il sérieux, peu importe la bonne ou mauvaise foi du transmettant, peu importe celle de l'acquéreur. Quant à la possession en elle-même, la bonne ou mauvaise foi est, en effet, chose indifférente (1), et l'on peut même prescrire sans bonne foi par trente ans. La bonne ou mauvaise foi de l'acquéreur n'aura d'influence que sur la durée du temps requis pour prescrire, et celle du transmettant sera sans conséquence. Le législateur français n'a pas admis, en effet, l'innovation de Justinien qui, dans sa novelle 119, chap. VII, sacrifiant l'acquéreur de bonne foi au propriétaire négligent, décida que cet acquéreur, si son

(1) *In summa possessionis non multum interest, juste quis, an injuste possideat* (L. III, § 5. D. De acq. poss.).

auteur était de mauvaise foi, ne pourrait prescrire par dix ou vingt ans qu'autant que le vrai propriétaire aurait eu connaissance de l'aliénation, et, dans le cas contraire, ne pourrait prescrire que par trente ans. Le système de notre Code, plus favorable à l'acquéreur, ne présente pas tous les dangers qui en semblent résulter au premier abord : n'oublions pas, en effet, que la possession acquise à celui qui a traité avec le détenteur précaire, ne lui pourra être utile qu'autant qu'elle réunira les conditions exigées par l'art. 2229. La translation de possession résultant d'un constitut possessoire sera donc insuffisante : l'acquéreur fût-il de bonne foi, sa possession, étant clandestine, ne lui pourra servir; le fermier eût-il cessé de payer ses fermages au propriétaire, cette circonstance ne saurait nuire à celui-ci qui a dû se fier dans la protection de l'art. 2236. Mais, si l'acquéreur a été mis en possession réelle, c'est-à-dire matérielle, de l'immeuble, sa possession lui sera utile, quand même le fermier aurait continué de payer les fermages : c'est, en effet, une négligence impardonnable de la part d'un propriétaire que de ne s'enquérir point de savoir qui cultive son bien.

La possession ne se perd pas seulement lorsque le détenteur précaire la livre à un autre, mais encore lorsqu'un tiers enlève la possession au détenteur précaire. Tout ce qui affecte la détention précaire affecte la possession ; tout ce qui est fait contre l'usufruitier, le fermier, le locataire, est fait contre le propriétaire. Toutefois, ceci ne se doit entendre que du trouble de fait, mais non du trouble de droit. C'est que le trouble de fait est dirigé aussi bien contre le bailleur que contre le fermier, la détention de celui-ci étant précisément ce qui constitue la possession de celui-là; l'auteur du trouble ne s'est pas inquiété de savoir si le bien était affermé ou non : ce qu'il a eu en vue, ç'a été de porter atteinte à la possession de ce bien, de quelque manière qu'elle s'exerçât. Si, au lieu de pratiquer un trouble de fait, il s'est, au contraire, borné à faire sommation au fermier de lui payer désormais les fermages, il a à se reprocher de n'avoir pas adressé au bailleur lui-même sa sommation : cet acte, inconnu du bailleur et dépourvu de toute publicité, ne l'a pu affecter en rien ; d'ailleurs, comment une simple sommation faite au fermier enlèverait-elle au bailleur sa possession, quand, faite au bailleur lui-même, elle serait insuffisante à produire ce résultat ? C'est, en effet, à celui qui prétend à la possession à la revendiquer, et il ne peut dépendre de lui d'intervertir les rôles et de forcer pour une simple sommation le possesseur à venir l'attaquer.

Tels sont les principes qui régissent la perte de la possession des choses corporelles. La possession des servitudes se perd beaucoup plus facilement. Nous voyons, en effet, dans l'art. 706, que les servitudes réelles s'éteignent par le non-usage pendant trente ans ; il en est de même des droits d'usufruit, d'usage et d'habitation, aux termes des art. 617 et 625. Ce n'est donc pas une prescription acquisitive qui court contre les maîtres de ces servitudes, mais bien une prescription libératoire. D'où il suit que la possession des servitudes ne se conserve pas, comme celle de la propriété, *animo solo*, qu'il n'est pas besoin, pour la perdre, qu'un autre nous l'enlève, et que la simple cessation de jouissance suffit pour nous en dépouiller.

Quel est donc le moment à partir duquel se perd la possession d'une servitude réelle ou personnelle ? C'est, en règle générale, celui du dernier acte de jouissance, car c'est de cette époque que commence à courir la prescription libératoire. Toutefois, si la servitude était de telle nature qu'elle ne dût être exercée qu'à certaines époques déterminées, on ne pourrait, sans injustice, faire perdre la possession du jour où a été accompli le dernier acte de possession : autrement, il pourrait arriver que la servitude fût éteinte par prescription, avant qu'elle eût pu être exercée : ce qui arriverait en effet, si la convention qui l'avait constituée s'opposait à ce qu'elle fût exercée durant une période de trente années. Le maître de la servitude n'a aucune négligence à se reprocher tant que son titre ne lui permettait pas de l'exercer; ce n'est que du jour où il a été en droit de l'exercer et ne l'a pas fait que sa négligence commence : de ce jour donc il perd la possession, et la prescription court contre lui; l'art. 707 n'a songé qu'au cas le plus ordinaire, celui où la servitude peut s'exercer à tout moment. Si le titre établissait que la servitude serait exercée quand on en aurait besoin, il faudrait, pour prouver la perte de la possession de la servitude, démontrer que le besoin a existé à une certaine époque et que la servitude n'a pas été alors exercée. Il résulte de ces principes, qu'à la différence de ce qui se passe en matière de prescription acquisitive, il suffira d'un seul acte isolé de jouissance pour interrompre la prescription par non-usage des servitudes, mais cet acte seul ne suffira pas pour donner le droit de possession annale, fondement des actions possessoires.

Il est toutefois une classe de servitudes qui est régie par des règles particulières, c'est celle des servitudes continues. Ces servitudes n'ayant pas besoin du fait actuel de l'homme pour s'exercer, l'inaction de leur propriétaire n'en saurait constituer le non-usage. Aussi l'article

707 a-t-il bien soin de les distinguer des servitudes discontinues, et exige-t-il, pour qu'il y ait non-usage des premières qu'il ait été fait un acte contraire, par exemple, que les fenêtres par lesquelles s'exerçait un droit de vue aient été bouchées. Peu importe que l'acte contraire à la servitude ait été fait par le propriétaire du fonds dominant ou celui du fonds servant. C'est donc à tort que Pardessus et Duranton, se fondant sur la loi 18, § 2. *Quemadm. serv. am.*, exigent que cet acte ait été accompli par le propriétaire du fonds servant, pour qu'il ait pu se procurer la possession de liberté de son héritage : ces savants auteurs ont oublié que la prescription extinctive des servitudes n'est chez nous qu'une prescription libératoire, tandis qu'en droit romain c'était une prescription acquisitive. Toutefois, la prescription par trente ans de non-usage courrait du jour de la constitution de la servitude continue, sans qu'il fût besoin d'acte contraire, si celle-ci n'avait jamais été exercée depuis le contrat qui l'établissait.

SECTION II.

DE LA TRANSLATION DE LA POSSESSION.

Sous ce nom de translation de la possession, nous devons étudier la manière dont la possession s'acquiert et se perd par suite de l'accord des deux parties, c'est-à-dire de celui qui l'acquiert et de celui qui la perd.

Comment se transfère aujourd'hui la possession ? Dans le droit romain et dans notre ancien droit, elle se transférait avec la propriété par la tradition ; mais cette tradition ne consistait souvent que dans un accord entre les parties: telle était par exemple celle qui résultait d'un constitut possessoire ou d'une clause de précaire, pactes au moyen desquels l'aliénateur se constituait détenteur au nom de l'acquéreur : souvent aucun acte extérieur ne venait donc manifester l'accomplissement de cette formalité.

Aujourd'hui la tradition n'est plus utile quant à la translation de la propriété, sera-t-elle encore nécessaire pour la translation de la possession, ou bien celle-ci sera-t-elle transférée comme la propriété par la seule convention des parties? C'est à cette dernière opinion que je crois devoir me ranger. Pourquoi, en effet, faire revivre, pour la translation de la possession, la nécessité de ces formalités, qui ne sont plus exigées pour la translation de la propriété et qui n'avaient souvent pas plus de publicité que le contrat d'aliénation lui-même? Ce qui se passait sous notre ancienne législation dans le cas de constitut possessoire et de clause de précaire, doit s'effectuer aujourd'hui par le seul effet de la convention d'aliénation : celle-ci transférant elle-même la propriété, le constitut possessoire s'y trouve compris implicitement et de plein droit. Dès là que le contrat de vente est passé, le vendeur, qui cesse d'être propriétaire, qui renonce à son droit de propriété, perd l'*animus domini*, et, s'il détient encore la chose jusqu'à la livraison, ce ne peut être qu'à titre précaire, au nom et pour le compte de l'acheteur. Quant à l'argument qu'on pourrait tirer de l'art. 1604, qui définit la tradition le transport de la chose en la puissance et *possession* de l'acheteur, et des articles suivants, d'après lesquels elle s'effectue par la remise des clefs, des titres, etc., cet argument est peu sérieux, car l'art. 1604 n'entend par le mot de possession que la simple détention matérielle, et les articles suivants ne s'occupent de la tradition qu'au point de vue des obligations du vendeur et afin de déterminer quand il y a satisfait et se trouve quitte et libéré vis-à-vis de l'acheteur. Il faut donc tenir pour certain que la possession, aujourd'hui, se transfère, comme la propriété, par le seul consentement des parties, et c'est au reste ce que la jurisprudence applique sans hésitation en matière de prescription, en faisant courir celle-ci de la date du contrat sans chercher à s'informer par une enquête de l'époque à laquelle la délivrance a été effectuée.

Mais quelle influence doit avoir sur la translation de la possession la loi du 23 mars 1855, qui exige la transcription de l'acte d'aliénation pour que celui-ci soit opposable aux tiers? Cette loi n'a pas abrogé le principe du Code Napoléon, d'après lequel la propriété se transfère par le seul consentement: elle en a seulement restreint les effets entre les parties contractantes, tant que l'acte d'aliénation n'a pas subi la formalité de la transcription. La propriété étant transférée, à l'égard des parties, indépendamment de l'accomplissement de cette formalité, il en devra être de même de la possession. Toutefois, si l'acquéreur veut se prévaloir de la prescription par dix ou vingt ans, il ne le pourra faire vis-à-vis des tiers, si le titre sur lequel il appuie sa prescription n'a pas été transcrit. Est-ce à dire pour cela que la possession ne lui appartienne pas? Non, mais la prescription par dix ou vingt ans ne s'appuie pas seulement sur la possession, elle se fonde encore sur la bonne foi et le juste titre. Cette solution est d'ailleurs analogue à celle de l'article 2180, qui ne fait courir la prescription de l'hypothèque par le tiers détenteur que du jour de la transcription de son titre; c'était la décision de l'art. 25 de la loi du 11 brumaire an VII, dont l'esprit était le même que celui de notre loi de 1855. Quant à la prescription trentenaire, le défaut de transcription ne saurait avoir sur elle aucune influence, puisqu'elle se passe de titre et qu'un spoliateur, qui, sans prétendre aucun droit, s'est emparé violemment de l'immeuble, est admis à s'en prévaloir.

On peut donc dire que, si la loi nouvelle influe sur la prescription, elle n'a aucune influence sur la possession : toutes les fois qu'il ne s'agira que de celle-ci, il n'y aura pas lieu d'opposer le défaut de transcription. La possession se transfère donc par le seul consentement, quand la propriété elle-même se transfère de cette manière; dans le cas contraire, par exemple, lorsqu'il a été vendu une certaine quantité de terrain *in genere*, la possession ne sera transmise que par l'acte qui transférera la propriété, c'est-à-dire, dans notre espèce, par la détermination du terrain objet de la vente.

La conséquence de ces principes, quant à l'exercice des actions possessoires, est évidente et a été appliquée par la cour de cassation (*arrêt du 12 fructidor an X*) : c'est que l'acquéreur peut intenter la complainte avant toute prise de possession réelle de l'immeuble : on doit plutôt, en effet, suivre l'opinion large de Dumoulin, qui décidait ainsi dans le cas d'une clause de constitut ou de précaire, que les errements et les subtilités rigoureuses d'autres anciens auteurs qui, par une exception bizarre, exigeaient pour les actions possessoires une tradition réelle (*Brodeau, t. II, p.* 187).

Mais quelle sera sur la possession l'influence du vice qui pourra infecter le contrat d'aliénation? Quel sera, par rapport à la possession, l'effet de l'incapacité de l'aliénateur, de l'erreur, du dol, de la violence, qui pourront vicier le contrat? Ces vices ne sont que relatifs et n'ont d'effet qu'entre les parties contractantes : les tiers ne pourront donc pas les opposer à l'acquéreur dans les actions possessoires. Mais il en sera différemment de l'aliénateur : celui-ci triomphera ou succombera au possessoire, selon qu'il se sera écoulé ou non un an depuis l'entrée en jouissance de l'acquéreur. Les vices qui empêchent la transmission de la propriété n'empêchent donc pas celle de la possession : celle-ci, avant de constituer un droit, est d'abord un fait, et, lorsqu'elle a existé un an chez une personne à l'état de fait avec les conditions requises, elle lui confère par cela seul le droit de possession. Il ne restera donc à celui au profit duquel le contrat est annulable et qui a laissé l'acquéreur en possession pendant un an, d'autre voie pour la recouvrer que celle du pétitoire, c'est-à-dire de l'action en nullité.

CHAPITRE V.

DES QUALITÉS QUE DOIT AVOIR LA POSSESSION POUR PRESCRIRE.

La simple possession dont nous venons de parler, c'est-à-dire la possession *animo domini*, la possession proprement dite, si elle ne réunit pas certaines autres qualités, est impuissante à conduire à la prescription et à donner droit à l'exercice de la complainte. Étudions donc d'abord quelles qualités elle doit réunir pour pouvoir conduire, au bout de trente ans, à la prescription.

Ces qualités sont énumérées par l'art. 2229 : mais cet article comprend à tort dans sa nomenclature la qualité d'être exercé à titre de propriétaire. C'est, en effet, avons-nous dit, une condition de l'existence même de la possession, un élément nécessaire à sa constitution, sans lequel il n'y a qu'une détention précaire et pas de possession.

Les autres qualités exigées par l'art. 2229 de la possession afin de prescrire sont d'être : 1° continue, 2° non interrompue, 3° paisible, 4° publique, 5° non équivoque.

En premier lieu se présente la continuité. Nous avons vu au chapitre précédent, que la possession se conserve *animo*, que la cessation plus ou moins prolongée d'actes de jouissance ne suffit pas à elle seule pour la faire perdre. Cela est fort exact : mais est ce à dire que cette cessation, cette discontinuité de jouissance sera sans influence sur la possession et pourra toujours avoir lieu impunément et sans préjudice pour le possesseur? L'incurie de celui-ci ne lui nuira pas, il est vrai, s'il est propriétaire et qu'un autre ne s'empare pas de la chose; mais elle empêchera le possesseur qui n'est pas propriétaire de le devenir par prescription. Insuffisante donc à faire perdre la possession, la discontinuité aura, du moins, pour effet de la rendre inutile pour prescrire.

Mais que faut-il entendre par continuité? Il serait absurde d'exiger du possesseur des actes incessants de jouissance. Dès là qu'il a exercé sur son bien tous les actes qui constituent une jouissance régulière et conforme à la nature de ce bien, la condition de continuité est légalement remplie. On peut donc définir la possession continue celle qui constitue la jouissance et l'entretien réguliers de la chose, conformément à la nature de celle-ci et au mode de jouissance dont elle est susceptible. Ainsi, celui qui, chaque année, a labouré, ensemencé son champ et en a recueilli la récolte, en a la possession continue. Quant aux intervalles qui peuvent exister entre les divers actes de jouissance, on ne leur saurait assigner une durée fixe : ils sont essentiellement variables et dépendent de la nature du fonds et du genre d'exploitation dont il est susceptible : il se peut donc faire que la possession de certains fonds, bien qu'exercée à des intervalles de trois, quatre, cinq années ou davantage, n'en soit pas moins cependant une possession continue et utile pour prescrire : cela pourra arriver, par exemple, pour des bois taillis qu'on ne coupe qu'à des intervalles de plusieurs années.

Si telle est la nature de la qualité de continuité dont parle l'art. 2229, il est aisé de voir combien est différente l'acception dans laquelle est prise l'expression de continue appliquée aux servitudes. Ce n'est point en effet comme la ressemblance des qualifications pourrait porter à le croire, parce que la possession des servitudes discontinues n'est pas susceptible du caractère de continuité requis par l'art. 2229, que ces servitudes ne se peuvent acquérir par prescription. Elles sont tout aussi susceptibles que le droit de propriété de la possession continue dont parle l'art. 2229. Leur imprescriptibilité tient uniquement au caractère équivoque de la possession de ces servitudes, caractère qui fait qu'on ne peut savoir si elles ont été effectivement exercées à titre de droit ou de simple tolérance.

La deuxième qualité que doit avoir la possession afin de prescrire est de n'être pas interrompue. Cette qualité diffère essentiellement de la première et ne se doit pas confondre avec elle. La discontinuité de la possession consiste uniquement dans des intermittences que le possesseur apporte à la jouissance régulière de sa chose, elle ne fait point perdre la possession : celle-ci continue d'exister, entachée, il est vrai, d'un vice qui la rend inutile pour la prescription ; l'interruption, au contraire, est un acte qui n'a pas simplement pour effet de vicier la possession, mais de l'anéantir: la possession interrompue cesse d'exister. D'où l'on peut conclure qu'une possession discontinue n'est point nécessairement interrompue, et que, si l'on ne peut dire réciproquement qu'une possession interrompue peut être cependant continue, cela tient seulement à ce que la possession interrompue, étant une possession qui a cessé d'exister, ne peut plus dès lors recevoir aucune qualification.

Quand y a-t-il donc interruption? La loi distingue l'interruption naturelle et l'interruption civile (art. 2242). Il y a interruption naturelle dans deux cas : 1° lorsque le possesseur est dépouillé de la possession par un autre, quel qu'il soit, et reste un an sans s'y faire réintégrer (art. 2243); 2° quand il abdique la possession en abandonnant et la détention et l'*animum domini*. L'interruption civile est le résultat: 1° de l'action en justice intentée au possesseur; 2° de la reconnaissance que fait celui-ci du droit du propriétaire. Dans tous les cas d'interruption, toute possession antérieure à l'acte interruptif est effacée et ne peut plus être invoquée pour la prescription; mais celle-ci peut reprendre son cours du moment où la cause interruptive cesse d'exister, c'est-à-dire, au cas d'interruption naturelle, du jour où le possesseur a repris la possession; et, au cas d'interruption civile, du moment où l'action en justice dirigée contre lui est terminée par un jugement qui le condamne (1), ou de celui où la reconnaissance a été donnée, à moins que celle-ci ne le constitue détenteur précaire. La dépossession qui n'a pas duré une année et a été réprimée par une autre action possessoire, est considérée, relativement à la prescription, comme n'ayant

(1) Nous ajoutons cette restriction, parce que, dans le cas où le jugement déboute le demandeur, l'interruption est effacée, et l'ancienne possession revit.

jamais eu lieu; elle a bien agi sur le fait de possession qui a été perdu, mais le droit de possession lui survit un an, et l'action possessoire intentée dans ce délai a effacé la dépossession passagère, qui sera sans effet sur la prescription. Quant à l'interruption qui résulte d'une action en justice, elle subsiste tant que dure l'action elle-même; mais elle n'est que conditionnelle, et le jugement qui déboute le demandeur l'efface entièrement.

Demandons-nous maintenant quel est le caractère de ces deux qualités de continuité et de non-interruption, et des vices contraires de discontinuité et d'interruption? Le vice de discontinuité est évidemment toujours absolu et peut être opposé par tous; il est, en effet, de sa nature d'affecter la possession en elle-même et de n'avoir point besoin, pour se produire, du fait d'un tiers, puisqu'il résulte de la seule inaction du possesseur: d'ailleurs, s'il était relatif, vis-à-vis de quelles personnes devrait-il produire son effet? Quant à l'interruption, c'est un vice tantôt absolu, tantôt relatif: l'interruption naturelle est un vice absolu que chacun peut opposer au possesseur, car elle affecte la possession matériellement et en elle-même et la fait perdre d'une manière réelle et absolue. L'interruption civile, au contraire, est toujours relative et ne produit d'effet que vis-à-vis de celui qui intente l'action en justice, ou dont le droit est reconnu: on comprend, en effet, que ces actes d'interruption, n'agissant sur la possession que d'une manière fictive et en vertu des dispositions de la loi, sans l'affecter matériellement, doivent être restreints, quant à leurs effets, entre le possesseur et celui qui les a accomplis, et ne doivent pas profiter à ceux qui y sont étrangers, vis-à-vis desquels ils sont *res inter alios actæ*, et qui ont d'ailleurs à se reprocher la négligence de ne les avoir pas accomplis eux-mêmes pour leur propre compte.

Mais, comment le possesseur pourra-t-il justifier de la continuité et de la non-interruption de sa possession durant tout le temps de sa durée? Cette preuve serait extrêmement difficile, pour ne pas dire impossible, la plupart du temps, si la loi ne venait en aide au possesseur en le dispensant de ce fardeau et en rejetant sur ses adversaires la preuve de la discontinuité ou de l'interruption de la possession. Le possesseur n'a, en effet, que deux choses à prouver, aux termes de l'art. 2234 : sa possession ancienne et sa possession actuelle. Prouve-t-il qu'il a possédé à telle époque et qu'il possède actuellement, la loi en tire, jusqu'à preuve contraire, cette présomption, que sa possession a duré tout le temps intermédiaire : *probatis extremis, præsumuntur media.*

Mais doit-on aller plus loin et de la possession ancienne conclure à la possession actuelle, ou de la possession actuelle conclure à la possession ancienne? Nos anciens docteurs avaient admis cette maxime : *olim possessor, hodie possessor præsumitur, et ex possessione de præterito arguitur possessio de præsenti, vel medio tempore, nisi contrarium probetur* (Dunod); maxime rejetée aujourd'hui par tous les jurisconsultes avec d'autant plus de raison que rien ne doit être plus facile à prouver qu'un fait patent comme celui d'une possession actuelle, et que la seule conséquence à tirer de l'impossibilité de fournir cette preuve de la part de celui qui a prouvé sa possession ancienne, c'est, comme le faisait remarquer le président Favre, qu'il a perdu cette possession. A l'inverse, la possession actuelle doit-elle faire présumer la possession ancienne? Non assurément, si le possesseur n'a pas de titre; mais, s'il a un titre, on doit présumer, sauf la preuve contraire, comme le font du reste tous les jours les tribunaux, que la possession remonte à la date du titre, et cela, non pas en vertu d'une présomption légale que nous ne trouverions nulle part écrite dans nos lois, mais en vertu d'une simple présomption de fait du genre de celles dont l'art. 1353 autorise l'application, et dont la méconnaissance par les tribunaux ne saurait, par conséquent, constituer une violation de la loi et donner ouverture à cassation.

La troisième condition exigée de la possession afin de prescrire est d'être paisible, c'est-à-dire de n'être ni violente ni troublée par la violence. Ainsi, non-seulement la possession qui s'exerce par la violence, par exemple, par la séquestration du propriétaire, sera insuffisante pour prescrire; mais il en sera de même de celle qui aura été sans cesse inquiétée de la part d'un tiers par des actes de violence. Il peut paraître singulier que celui qui, au lieu de recourir à la voie légale des tribunaux, préfère se faire justice à lui-même en cherchant à se remettre en possession par des voies de fait, puisse, par cette conduite illégale, empêcher la prescription de s'accomplir contre lui. Toutefois cette décision n'en est pas moins certaine, appuyée qu'elle est sur le sens naturel de la qualification de paisible, à laquelle ne saurait prétendre la possession sans cesse troublée par des actes de violence, et sur l'interprétation constante donnée à cette condition de la prescription par tous nos anciens auteurs. Quelques-uns d'entre eux, Pothier *(n° 38)* et Brodeau *(sur l'art. 113 de la coutume de Paris)* sont même tombés dans un excès contraire, en donnant trop d'extension aux cas de possession non paisible et en considérant comme telle la possession qui subit des inquiétations civiles, c'est-à-dire des poursuites judiciaires : ces inquiétations constituent, en effet, des cas d'interruption de la possession.

La publicité de la possession est la quatrième qualité requise pour la prescription. Est considérée comme publique la possession qui, connue ou non de l'adversaire, est telle qu'il peut la connaître, s'il le veut; la possession publique n'est donc pas celle qu'on a vue, mais celle qu'on a pu voir.

Examinons maintenant quels sont les caractères de ces deux dernières qualités de la possession, quels sont les effets des vices contraires de violence et de clandestinité. Ces deux vices sont à la fois relatifs et temporaires. Et d'abord ils sont purement relatifs, c'est-à-dire ne s'opposent à l'accomplissement de la prescription que vis-à-vis de ceux à l'égard desquels la violence ou la clandestinité a existé. Ainsi le vice de violence ne pourra être invoqué contre le possesseur que par celui qui a subi la violence ou l'a exercée : vis-à-vis de tout autre la possession est paisible. De même, la clandestinité ne peut être opposée que par celui qui n'a pu s'apercevoir de l'existence de la possession : ainsi la possession d'une cave sous des propriétés voisines, qui se manifeste par des portes ou soupiraux, ne pourra faire prescrire que contre ceux des voisins qui, à raison de la position des indices apparents de la possession, ont pu en avoir connaissance. Toutefois, comme il pourra souvent arriver que la possession soit clandestine vis-à-vis de tout le monde, si rien n'en manifeste l'existence extérieurement, le vice de clandestinité pourra alors être invoqué par tous : mais cela ne lui enlève point son caractère relatif.

Tel a toujours été le caractère de ces deux vices de la possession : tel il était dans le droit romain, qui, pour la formule des interdits, employait toujours ces expressions : *nec vi, nec clam ab adversario.*

Il n'en est pas de même du second caractère des vices de violence et de clandestinité. Si ces vices sont, en effet, chez nous temporaires, c'est-à-dire n'entachent la possession que tant qu'ils existent et se maintiennent en fait, en sorte que, du jour où la violence ou la clandestinité a cessé, la possession devient utile pour prescrire, cela n'était vrai en droit romain que de la clandestinité : le vice de violence, qui n'entachait la possession que lorsqu'il se trouvait dans l'acte acquisitif, et non, comme le décide notre droit, lorsqu'il survenait ensuite, était un vice réel : il restait attaché à la possession et empêchait l'usucapion de s'accomplir, tant qu'il n'était pas purgé par la rentrée de la chose en la possession du propriétaire. Cette doctrine est condamnée par l'art. 2233, qui a soin de dire que la possession utile commence du jour où la violence a cessé. Quant au vice de clandestinité, il était temporaire même en droit romain : aussi notre Code n'a-t-il pas eu besoin de s'expliquer à son sujet.

La dernière qualité que doit avoir la possession pour prescrire, celle de n'être pas équivoque, est moins, à proprement parler, une nouvelle qualité de la possession, comme le fait observer M. Marcadé, que la confirmation et le perfectionnement des autres, en sorte que la possession peut être équivoque dans bien des sens, pour des motifs bien différents. Elle peut être équivoque, ou quant à sa propre existence, ou quant aux qualités requises pour la prescription. Et d'abord, la possession peut être équivoque quant à sa propre existence, lorsque le possesseur n'établit pas d'une manière bien précise le commencement de sa possession, dont la preuve est, comme on le sait, à sa charge, —lorsque la possession exclusive n'est pas complétement démontrée et semble se balancer avec celle du revendiquant, cas dans lequel celui-ci, s'il a un titre, devra l'emporter sur celui qui en manque, — lorsqu'enfin il n'est pas certain si la possession a été exercée à titre de tolérance et de familiarité ou à titre de propriétaire, si le détenteur a possédé pour lui ou pour autrui. La possession peut être équivoque quant à sa continuité, à sa publicité, à son exercice paisible, car ces diverses qualités sont susceptibles de plus et de moins, et il peut résulter de l'ensemble des preuves fournies de l'une et l'autre part que l'esprit du juge reste encore dans le doute sur leur existence : c'est alors que la loi l'autorise à considérer la possession comme équivoque et à repousser la prescription. Certains auteurs nient la possibilité de reconnaître une possession équivoque quant à la précarité et à la continuité : c'est, disent-ils, à celui qui allègue la précarité ou la discontinuité à en prouver l'existence : le possesseur est dispensé de toute preuve à cet égard par les articles 2230 et 2234 : le premier de ces articles, en effet, veut qu'on soit toujours présumé posséder pour soi et à titre de propriétaire, s'il n'est prouvé qu'on a commencé à posséder pour un autre ; le second, que le possesseur qui prouve avoir possédé anciennement, soit présumé avoir possédé tout le temps intermédiaire : donc, il arrivera de deux choses l'une : ou l'adversaire du possesseur prouvera la précarité ou la discontinuité, et alors il devra triompher, ou il ne parviendra pas à en fournir la preuve complète, et alors le possesseur devra, en vertu de la présomption légale, être maintenu dans sa possession. Cette conséquence serait logique, si la loi, par exception aux principes ordinaires qui doivent guider les magistrats, et qui veulent que, dans le doute, le défendeur soit toujours absous, ne leur permettait, en matière de possession, de reconnaître un état intermédiaire d'incertitude et de motiver leur décision sur cet état équivoque. Peu importe donc à qui incombe le fardeau de la preuve : dès là que celui qui invoque les vices de précarité et de discontinuité, sans pouvoir les établir d'une manière certaine, parvient cependant à faire naître des doutes sérieux sur la nature de la possession, cela suffit pour que les tribunaux, considérant celle-ci comme équivoque, lui refusent la sanction de la prescription. Ce n'est qu'à l'égard de l'interruption qu'il ne peut y avoir d'équivoque, car l'interruption consiste dans un fait précis et déterminé qui n'est pas susceptible d'une demi-preuve, mais ne peut qu'être prouvé complétement ou ne l'être pas du tout.

CHAPITRE VI.

DES QUALITÉS QUE DOIT AVOIR LA POSSESSION POUR DONNER DROIT AUX ACTIONS POSSESSOIRES. — DE L'ANNALITÉ. — DU DROIT DE POSSESSION.

Quelles sont les qualités que doit avoir la possession pour donner droit aux actions possessoires? L'article 23 du Code de Procédure déclare que ceux-là seuls sont recevables à intenter les actions possessoires, *qui, depuis une année au moins, étaient en possession paisible par eux ou les leurs à titre non précaire.* De cet article il résulte d'abord, que les actions possessoires ne sont accordées qu'à la possession proprement dite, c'est-à-dire exercée à titre de propriétaire ; ensuite, que cette possession elle-même doit réunir deux conditions :

celles d'être paisible et annale. Doit-on conclure de là que ces qualités soient les seules requises pour constituer le droit de possession? Tous les auteurs, à l'exception de M. Serrigny, sont unanimes à penser que l'art. 23 C. P. C. est incomplet et doit trouver son complément dans l'art. 2229 C. N. En effet, pourquoi exigerait-on de la possession la qualité d'être paisible, plutôt que celles d'être publique, continue, non interrompue? On ne voit pas quelle pourrait être la cause d'une pareille distinction : la possession clandestine, par exemple, est-elle plus respectable que la possession violente ou troublée? On est donc forcé de reconnaître que l'art. 23 C. P. C. est incomplet ; et, dès lors, à quel texte doit-on avoir recours pour le compléter, si ce n'est à l'art. 2229 C. N.? Cette application de l'art. 2229 à l'exercice des actions possessoires est d'ailleurs fort rationnelle : la saisine possessoire annale n'est-elle pas, en effet, une prescription imparfaite, reposant, comme la prescription de trente ans, sur une présomption de propriété, présomption moins forte, il est vrai, que celle qui fonde la prescription, puisqu'elle admet la preuve contraire, mais présomption qui repose sur le même fait, la possession, et pour laquelle on conçoit dès lors que les mêmes qualités soient exigées dans la cause qui la produit?

Il demeure donc établi que la possession à l'effet d'exercer les actions possessoires doit réunir toutes les qualités requises par l'art. 2229 de la possession pour prescrire. Mais, en outre, l'art. 23 C. P. C. exige la condition d'annalité. Celui-là seul, d'après cet article, peut intenter les actions possessoires, dont la possession a duré au moins un an. Cette condition d'annalité était inconnue aux jurisconsultes romains : ils ne l'ont jamais exigée pour l'exercice des interdits, qui, à Rome, correspondaient à nos actions possessoires. Quelle en est donc l'origine? Quelle est, en même temps, celle de nos actions possessoires? Certains jurisconsultes, M. Henrion de Pansey principalement, ont cru trouver l'origine de ces actions dans la loi salique; mais il est évident, à la lecture du passage sur lequel ils se fondent, que celui-ci n'a nullement trait à l'acquisition d'un droit de possession, mais à l'acquisition de la propriété elle-même par une prescription d'un an : comment croire, d'ailleurs, que chez un peuple barbare, comme l'étaient les Francs, le législateur eût pensé à protéger la possession, abstraction faite de la propriété, par des actions spéciales : pensée qui n'a jamais pu surgir que dans une société parvenue déjà à un certain degré de civilisation? Aussi est-il plus rationnel de croire que l'origine de nos actions possessoires se trouve dans les interdits du droit romain. Quant à la condition d'annalité, elle a sa source ailleurs, elle est venue modifier les interdits romains, qui, du reste, subirent également d'autres modifications importantes en passant dans le droit coutumier sous le nom d'actions possessoires. Le droit canonique accepta les interdits romains, sans y apporter de grandes modifications : nous signalerons seulement la fameuse décrétale *Sæpe contingit*, rendue par Innocent III en 1216, et qui rendit l'interdit *unde vi* réel, de personnel qu'il était, en permettant de l'exercer même contre les tiers détenteurs, qu'il ne pouvait atteindre précédemment.

Mais, quant à la possession annale, ou saisine par l'an et jour, elle n'apparait dans aucune décrétale. Nos plus anciens jurisconsultes coutumiers, au contraire, en parlent comme d'une institution établie depuis longtemps : Beaumanoir mentionne déjà l'annalité parmi les conditions de l'exercice des actions possessoires. C'est dans le droit féodal qu'on s'accorde généralement aujourd'hui à placer l'origine de cette institution. Au moyen âge, alors que les seigneurs étaient considérés comme ayant un droit de propriété supérieure sur les biens dépendant de leurs seigneuries, ces biens ne pouvaient, sans leur intervention, être aliénés par leurs vassaux : l'acquéreur devait, pour être considéré comme propriétaire, obtenir du seigneur l'*investiture* ou *ensaisinement*, qui avait lieu au moyen des formalités symboliques du *vest* et du *devest*, et qu'on n'obtenait qu'au prix d'une certaine redevance. Toutefois, on introduisit un moyen qui suppléa à l'ensaisinement réel : quand l'acquéreur avait été mis en possession de fait de l'immeuble par son auteur et que cette possession avait duré dix ans paisiblement, cette jouissance prolongée valait saisine. Enfin, l'on admit que la possession paisible durant l'an et jour faisait présumer, seulement vis-à-vis des tiers, l'accomplissement de l'ensaisinement, en sorte que le possesseur pouvait dès lors intenter contre ceux-ci la plainte pour *trouble* ou *nouvelleté*.

Telle est l'origine de la condition d'annalité exigée par l'art. 23 du C. P. C. pour pouvoir intenter les actions possessoires. L'accomplissement de cette condition a donc pour effet de créer un droit sanctionné par des actions spéciales : c'est ce qu'on appelle le droit de possession. Quelle est la nature de ce droit? Dans la législation romaine, c'est une question fort embarrassante pour les interprètes que celle de savoir si le droit de possession, fondement des interdits possessoires, était un droit réel ou personnel, car, d'un côté, il permettait la répression du trouble, quel qu'en fût l'auteur, et, de l'autre, le possesseur ne pouvait poursuivre la chose par l'interdit *unde vi* qu'entre les mains de l'auteur de la violence et non entre celles d'un tiers détenteur. Cette difficulté n'existe plus aujourd'hui : le droit de possession est un droit réel, qui permet de poursuivre l'immeuble entre les mains de tout détenteur : tel a toujours été, dans notre ancien droit, le caractère de la pos ession annale. Mais ce droit est bien plus fragile que les autres droits réels, car il ne survit qu'un an à la perte de la possession de fait. Le possesseur annal qui a été dépossédé et a laissé une année s'écouler sans intenter l'action possessoire, ne peut plus avoir recours à ce moyen pour recouvrer la possession, lors même que le possesseur actuel n'aurait pas acquis le droit de possession : il n'a donc plus d'autre ressource que d'exercer la revendication, dans laquelle il sera obligé de prouver qu'il est propriétaire, sans que sa possession perdue lui puisse être d'aucun secours. En résumé, le droit de possession est chez nous un droit réel et annal.

Quelles sont maintenant les actions possessoires qui protégent ce droit de possession. Le C. P. C. n'en cite aucune en particulier, mais la loi du 25 mai 1838, attribue aux juges de paix, dans son article 6 (n° 1), la connaissance des *dénonciations de nouvel œuvre, complaintes, actions en réintégrande et autres actions possessoires fondées sur des faits également commis dans l'année.* Or, d'après l'art. 23 C. P. C., toutes les actions possessoires ont pour fondement une possession annale et douée de certaines qualités. Il suit de là que les actions énumérées dans l'alinéa cité de la loi de 1838 ne peuvent pas être intentées par un possesseur quelconque, mais par celui là seul qui a une possession qualifiée et annale. Cette conséquence n'a jamais été niée pour la complainte, action possessoire qui a pour but de réprimer le simple trouble apporté à la jouissance du possesseur.

Mais, quant à la réintégrande, dont le but est de recouvrer la possession perdue, un grand nombre d'auteurs l'accordent à tout possesseur quelconque, même au possesseur d'un jour, à celui dont la possession est violente, clandestine, etc. Telle est la jurisprudence constante de la cour de cassation, entraînée dans cette voie par son ancien premier président, M. Henrion de Pansey. Pour dispenser ainsi la réintégrande des conditions requises pour l'exercice des actions possessoires, il a fallu soutenir qu'elle ne rentrait pas dans la classe de ces actions, et c'est ce qu'ont fait les partisans de cette opinion. Suivant eux, le possesseur annal qui a été spolié et qui est rentré par force dans sa possession pourra être contraint par son spoliateur, au moyen de la réintégrande, de lui restituer la possession, bien que celui-ci ait possédé moins d'un an; mais l'exercice de cette action n'empêchera pas le possesseur annal, une fois la restitution opérée, de reprendre ensuite la possession au moyen d'une action possessoire. Dans ce système, la réintégrande n'est que le prélude de l'action possessoire et est par rapport à elle ce que celle-ci est par rapport à l'action pétitoire : il pourra donc y avoir relativement à la possession d'un immeuble trois instances successives : réintégrande, action possessoire, action pétitoire.

Voyons quelle est la base de ce système, dont, au premier abord et à la simple lecture des textes, on n'aperçoit pas le fondement. C'est sur l'histoire et sur des considérations d'ordre public que M. Henrion de Pansey a étayé sa doctrine. Remarquons du reste qu'à l'époque où il écrivait, la loi de 1838 n'existait pas, et qu'aucune loi ne rangeait la réintégrande parmi les actions possessoires. On doit convenir d'ailleurs que les raisons d'ordre public invoquées en faveur du système de M. Henrion de Pansey sont plus puissantes qu'elles ne l'ont paru à quelques auteurs, partisans de l'opinion contraire : on peut regretter en effet, qu'en présence d'actes de dépossession violente exercés à l'encontre d'un homme qui ne possède pas depuis un an, mais depuis quelques mois peut-être, la justice reste impuissante et désarmée : tant qu'aucune personne, en effet, n'aura possédé un immeuble pendant une année, cet immeuble sera à la merci de quiconque voudra s'en emparer, et deviendra la proie du plus fort : on comprend parfaitement que ces puissantes considérations d'ordre public aient fait pencher la cour de cassation dans le sens de la décision la plus conforme à l'intérêt social. Mais nous, qui devons examiner, non pas quel système est le meilleur, question qu'il appartient au législateur seul de trancher, mais quel est le plus conforme à notre législation actuelle, nous pensons que la réintégrande, rangée par la loi parmi les actions possessoires, doit être traitée comme telle et subir la règle qui les gouverne.

Examinons maintenant quel fondement l'opinion de la cour de cassation trouve dans l'histoire du droit. Avant saint Louis, la complainte en cas de trouble et la réintégrande en cas de dessaisine ne pouvaient être intentées que par le possesseur annal. Aucun recours n'était accordé, en cas de spoliation, à celui qui possédait depuis moins d'un an. Un tel système, dans ces temps de barbarie, avait beaucoup d'inconvénients : il était permis au spolié de reprendre par la violence la possession perdue, et même, s'il ne pouvait saisir l'immeuble dont il était dépossédé, de s'emparer de celui de son spoliateur qui se trouvait à sa portée : les seigneurs, on le doit bien penser, ne se faisaient pas faute d'user de ce droit. Pour mettre fin à ces occasions de *mortelles guerres*, saint Louis, par une ordonnance de 1270, étendant la maxime du droit canonique : *Spoliatus ante omnia restituendus*, décida que quiconque aurait repris son bien par violence devrait être condamné, quelque légitime que fût son droit, à la restitution et à une amende : ce que Beaumanoir, qui écrivait en 1282, commente en disant que, le spolié fût-il un effronté *larron*, qui eût mérité *la hart*, il pourrait faire condamner à la restitution et à l'amende le propriétaire qui l'a chassé, sauf à celui-ci à exercer ensuite contre lui la réintégrande ordinaire.

A cette époque, il y avait donc trois actions : la complainte, en cas de trouble ou nouvelleté; la réintégrande ordinaire, en cas de dessaisinement (ces deux actions n'appartenaient qu'au possesseur annal); enfin, la réintégrande spéciale introduite par saint Louis en cas *de force*, laquelle n'exigeait point l'annalité. Simon de Bucy, premier président du parlement de Paris, introduisit, environ un siècle plus tard, une modification qui fit disparaître la réintégrande ordinaire : fit-elle disparaître également la réintégrande spéciale de saint Louis? Cette question est controversée entre les partisans des deux doctrines contraires, et je ne la discuterai pas, parce que le système que je soutiens ne peut être ébranlé par la solution négative que les partisans de l'opinion contraire prétendent lui donner. Quoi qu'il en soit, voici en quoi consiste l'innovation introduite par Simon de Bucy : jusqu'alors, celui qui exerçait la réintégrande, s'avouant par là même dessaisi, était obligé de fournir une caution nommée *applégement ;* celui au contraire qui exerçait la complainte pour trouble n'était pas assujetti à cette formalité; or, Simon de Bucy permit au spolié, au lieu d'intenter l'action en réintégrande, d'exercer la complainte, comme s'il ne se fût pas agi d'une spoliation, mais d'un simple trouble : on comprend que la réintégrande dut tomber en désuétude, et qu'on dut dès lors intenter de préférence la complainte, qui devint la seule action possessoire usitée dans tous les cas. Aussi, lors de la rédaction des coutumes, le mot de *réintégrande* ne se trouva-t-il écrit dans aucune d'elles. Ce ne fut que dans l'ordonnance de 1667 (*titre* 18, *art.* 2) que ce mot reparut : l'art. 2060 du C. N. en fait également mention. Les partisans du système de la cour de cassation prétendent que c'est à la réintégrande spéciale de saint Louis, et non point à la réintégrande ordinaire tombée en désuétude et confondu avec la complainte, que l'ordonnance de 1667 et le C. N. font allusion dans les articles sus-mentionnés. Ce système est ingénieux : mais, pour s'assurer s'il est vrai, il faut consulter l'interprétation que les commentateurs de l'ordonnance de 1667 donnent à la réintégrande dont elle parle. Or, comme l'art. 1er du titre 18, relatif à la complainte, ne parle pas plus de l'annalité de la possession que l'art. 2 relatif à la réintégrande, aucun commentateur de l'ordonnance ne songea à distinguer, quant à la condition d'annalité, entre ces deux actions; voici, au surplus, les trois systèmes qui se formèrent sur l'interprétation de ces deux articles : les uns, comme Ferrières (*sur Paris*, *art.* 96, *n*° 39), se fondant sur le silence des art. 1 et 2, n'exigeaient l'annalité ni pour la complainte, ni pour la réintégrande ; d'autres, comme Duparc-Poullain (*t.* 10, *p.* 106) et Lanjuinais, sans distinguer entre la complainte et la réintégrande, voulaient que l'annalité ne fût pas exigée vis-à-vis de celui qui n'avait pas lui-même, à son appui, une possession annale; enfin les autres, comme Bourjon *(t. II, p. 510)* et Duplessis *(Des actions, liv. I)*, exigeaient l'annalité pour l'une et l'autre action dans tous les cas. S'il est prouvé par là que l'ordonnance n'entendait parler que de la réintégrande ordinaire et non de celle qu'avait introduite saint Louis, les rédacteurs de l'art. 2060 du C. N. n'ont pas dû avoir d'autre pensée, et cet article prouve d'autant moins contre nous qu'il parle de réintégrande exercée par le propriétaire.

D'ailleurs, une difficulté insurmontable s'opposait, avant la loi de 1838, à l'application du système de M. Henrion de Pansey : c'était la question de compétence. Obligés de refuser à la réintégrande la qualité d'action possessoire pour ne pas tomber sous le coup de l'art. 23 C. P. C., en vertu de quelle disposition de loi en pouvaient-ils attribuer la connaissance aux juges de paix? Et, si la loi de 1838 est venue l'attribuer formellement à ces magistrats, n'est-ce pas en rangeant formellement la réintégrande dans la classe des actions possessoires ? Doit-il donc être permis de scinder cette disposition? La combinaison de cette loi nouvelle avec l'art. 23 du C. P. C. doit amener nécessairement à cette conclusion, que la réintégrande ne peut être exercée que par le possesseur annal. Il est sans doute permis de regretter que celui qui possède depuis moins d'un an, ne soit pas protégé, sinon contre le possesseur annual, qui a un droit en sa faveur, du moins, comme le voulaient sous l'ancienne jurisprudence Duparc-Poullain et Lanjuinais, contre celui qui l'a dépouillé sans aucun droit : mais ce n'est pas aux interprètes de la loi à la corriger, et l'opinion que j'ai soutenue est, je crois, la seule qui puisse résulter de l'examen impartial des textes et se concilier avec les dispositions de nos lois.

La loi du 25 mai 1838 cite encore parmi les actions possessoires la dénonciation de nouvel œuvre. En droit romain, elle n'était point rangée parmi les interdits possessoires : elle consistait dans la défense que faisait un propriétaire de commencer ou de continuer, soit sur son fonds, soit sur un fonds voisin, un ouvrage susceptible de porter atteinte à ses droits : cette défense autorisait le dénonçant à exiger la démolition de tout ce qui avait été fait depuis elle et avant que l'auteur des travaux s'en fût fait donner main-levée par le préteur, ou qu'il eût fourni caution de démolir au cas où il succomberait au fond. En passant dans notre ancien droit, la dénonciation de nouvel œuvre s'est confondue avec la complainte. Quel est aujourd'hui son caractère? Suivant les uns, c'est une action exclusivement possessoire; suivant d'autres, au contraire, ce n'est jamais qu'un incident à une action principale, possessoire ou pétitoire, qu'une simple provision à demander aux juges du fond. Ces deux opinions sont également exagérées, comme le montre fort bien M. Troplong. Il y a, en effet, à distinguer : me fondé-je sur ma possession annale pour réclamer la démolition des travaux? c'est le cas d'une vraie complainte, qui est de la compétence des juges de paix; fondé-je, au contraire, ma demande sur mon droit de propriété? ma dénonciation de nouvel œuvre est pétitoire, et, en cas d'urgence, je puis demander en référé au président d'ordonner la suspension provisoire des travaux; je puis aussi y conclure incidemment à l'action pétitoire. Mais peu importe que ce soit sur le fonds du dénonçant ou sur un fonds voisin que soient commencés les travaux.

Bien que la loi du 25 mai 1838 semble supposer l'existence d'autres actions possessoires, je n'en puis trouver d'autres que celles qui viennent d'être énumérées. En vain a-t-on voulu en voir une dans la récréance : celle-ci, qui, dans notre ancienne jurisprudence, n'était pas même une action, mais seulement une ressource accordée au juge dans certains cas, n'avait point d'ailleurs pour objet la possession véritable, mais une simple détention provisoire que le juge concédait à l'une des parties, jusqu'à ce que le fond fût jugé (Ferrières), lorsque la possession était douteuse entre elles. Que la récréance donc existe ou non encore aujourd'hui, on n'y peut certainement voir une action possessoire, puisqu'elle ne saurait même être une action.

CHAPITRE VII.

DE L'ACCESSION DES POSSESSIONS.

Après avoir étudié les différentes espèces de possessions, il nous reste à examiner quand et comment le possesseur actuel peut ou doit rattacher sa possession à celle d'un possesseur antérieur, c'est-à-dire à exposer la matière de l'accession des possessions.

Voici comment s'exprime à ce sujet l'article 2235 : *Pour compléter la prescription, on peut joindre à sa possession celle de son auteur, de quelque manière qu'on lui ait succédé, soit à titre universel ou particulier, soit à titre lucratif ou onéreux.* Faisons d'abord remarquer que, si cet article ne parle que de la prescription, c'est que celle-ci est le seul objet du titre où il est placé : ce n'est pas seulement, en effet, en vue de prescrire qu'on peut se prévaloir de l'accession des possessions, mais encore en vue de compléter l'annalité et d'exercer les actions possessoires: cela ne fait aucun doute dans la doctrine et la jurisprudence.

Mais, sous un autre rapport, on peut reprocher à l'art. 2235 une fort mauvaise rédaction: il n'établit, en effet, aucune différence entre les successeurs universels et particuliers. Il semble résulter de cet article que celui qui a succédé à une personne à titre universel ou à titre particulier est toujours libre de joindre à sa possession celle de son auteur, sans y être jamais obligé, et que, dans l'un et l'autre cas, il y a lieu à une jonction de possessions purement facultative. Or, cette idée serait complétement erronée, et l'on doit établir une profonde différence entre le successeur universel et le successeur particulier; la rédaction de notre article, très-exacte, appliquée au second, ne saurait convenir au premier. Au cas de succession universelle, en effet, il n'existe point deux possessions susceptibles d'être jointes l'une à l'autre, mais une possession unique, qui, commencée chez l'auteur, se continue chez le successeur, telle qu'elle était chez le premier. Au cas de succession particulière, au contraire, il y a deux possessions parfaitement distinctes, mais que le possesseur actuel est autorisé à joindre, s'il le veut, pour profiter de celle de son auteur. Cette distinction, qui conduit à des différences très-profondes et très-tranchées, que nous énumérerons plus tard, entre les successeurs universels et particuliers, est incontestable et incontestée. Elle se fonde sur les principes les plus certains du droit: le successeur universel est, en effet, tenu de toutes les obligations de son auteur et ne peut, dès lors, répudier sa possession, mais la doit accepter telle qu'elle est, avec tous les vices dont elle est entachée: l'accession de possessions ne saurait donc être chez lui facultative. Aussi la même théorie existait-elle en droit romain, telle que je la viens d'exposer, avec cette seule différence que la loi romaine reconnaissait certains vices réels de la possession (les vices de vol, pour les meubles, et de violence, pour les immeubles), qui affectaient la chose elle-même et la rendaient imprescriptible, en quelques mains qu'elle passât. La doctrine du droit romain fut reçue unanimement par notre ancienne jurisprudence. Mais, par suite du caractère purement personnel et temporaire qu'a pris dans notre droit le vice de violence, la distinction entre les successeurs universels et particuliers est plus générale et s'applique à tout vice quelconque affectant la possession. Sauf cette seule modification, la théorie romaine est encore celle qui règne parmi nous : en effet, loin qu'on trouve aucune trace qui révèle, de la part du législateur, l'intention de changer un système consacré par les siècles, le Code en fait l'application lui-même, en refusant dans l'art. 2237 à l'héritier du détenteur précaire la faculté de prescrire, que, dans l'art. 2239, il accorde à l'acquéreur à titre particulier.

Cette distinction, établie d'une manière incontestable, produit des conséquences importantes, des différences profondes, que je dois signaler, entre les successeurs universels et les successeurs particuliers. Les successeurs universels sont ceux qui succèdent aux obligations de leur auteur en même temps qu'ils succèdent à ses droits : tels sont les héritiers même irréguliers, les légataires universels et à titre universel, les donataires à titre universel, etc. Tous ces successeurs ne commencent point de leur chef une possession nouvelle, mais ne font qu'acquérir celle de leur auteur pour la continuer telle qu'elle existait chez lui. D'où résultent les conséquences suivantes : 1° L'auteur est-il détenteur précaire ? le successeur ne pourra prescrire par quelque laps de temps que ce soit (art. 2237) ; 2° l'auteur avait-il une possession entachée de mauvaise foi? le successeur ne pourra prescrire que par le même laps de temps qui eût été nécessaire à son auteur pour acquérir la prescription, c'est-à-dire par trente ans; 3° à l'inverse, la possession de l'auteur était-elle de bonne foi? la mauvaise foi du successeur ne lui enlèvera point ce caractère; et, la bonne foi n'étant exigée qu'au commencement de la possession, il pourra prescrire par dix ou vingt ans.

Le successeur particulier, c'est-à-dire celui qui n'a point succédé aux obligations de son auteur, acquiert au contraire une possession nouvelle et distincte, à laquelle il est libre de joindre ou non celle de son auteur, selon ce qui lui paraîtra être le plus conforme à ses intérêts. Chacune des possessions qu'il s'agira de joindre devra donc réunir en elle seule toutes les qualités requises pour le résultat qu'on veut leur faire produire. De là découlent trois conséquences diamétralement opposées à celles que nous avons déduites dans l'hypothèse précédente : 1° l'auteur était-il détenteur précaire? le successeur particulier sera possesseur véritable et pourra prescrire (art. 2239), la possession de l'auteur ne pourra du reste lui compter à cet effet; 2° l'auteur était-il de mauvaise foi? le successeur particulier de bonne foi aura le droit ou de prescrire par trente ans en comptant la possession de son auteur, ou de prescrire par dix ou vingt ans en renonçant à s'en prévaloir; 3° *vice versa*, l'auteur était-il de bonne foi? le successeur de mauvaise foi ne pourra prescrire que par trente ans.

Cette dernière conséquence est niée par un auteur fort éminent, qui prétend que les possessions transmises à titre particulier, bien que distinctes originairement les unes des autres, se fondent, par le seul effet de la jonction une fois opérée, en une seule possession, au début de laquelle on se doit seulement attacher. Un tel système eût pu, en effet, être admis par le législateur; mais l'a-t-il été? A cette question, nous devons répondre négativement, car la doctrine contraire était universellement admise avant la rédaction du Code, et rien n'indique de la part, de ses rédacteurs, l'intention de la changer. On peut, du reste, trouver d'excellentes raisons, quoi qu'en dise l'auteur dont nous rejetons l'opinion, pour justifier la doctrine ancienne au point de vue philosophique. Le savant jurisconsulte ne comprend pas pourquoi on favoriserait moins celui qui a acquis de mauvaise foi que l'acquéreur de bonne foi qui a eu ensuite connaissance du vice de son titre. Mais la raison en est bien simple: celui qui, de bonne foi, a acheté un immeuble et l'a payé, et qui, s'apercevant ensuite du vice de son titre, au lieu d'aller trouver le propriétaire pour lui restituer l'immeuble, en conserve néanmoins la possession, mérite l'indulgence de la loi et ne saurait être traité par elle bien rigoureusement pour n'avoir pas accompli un acte de délicatesse qui lui eût causé une perte considérable, peut-être une ruine complète. Cet acquéreur est certainement dans une position bien plus favorable que celui qui achète de mauvaise foi et qui se rend ainsi coupable d'un acte de friponnerie que rien ne le contraignait à accomplir et que rien ne saurait excuser.

Les différentes conséquences de l'accession exposées, il nous reste à examiner dans quel cas il y a lieu à accession, ou, ce qui revient au même, quel lien doit exister entre les possessions qu'on prétend unir, en quel sens on doit entendre, en cette matière, les noms d'auteur et de successeur. Dans le langage ordinaire, on entend par auteur celui de qui le successeur tient son droit, celui qui le lui a transmis: *auctor dicitur is a quo rem acceperis, vel ex ultima voluntate, vel ex aliquo negotio quod cum illo habueris* (1). Cette définition est beaucoup trop restreinte pour notre matière, comme le font très-bien remarquer MM. Marcadé et Bélime : si l'on s'en contentait, en effet, on se verrait obligé de refuser l'accession dans bien des cas où le bon sens indique qu'elle doit être accordée : tels sont les cas d'expropriation, d'exercice du réméré par le vendeur, d'action en rescision, etc. Mais il ne faudrait pas non plus tomber dans l'excès contraire et admettre l'accession dans tous les cas où une possession succède à une autre : l'usurpateur ne pourra se prévaloir de la possession de celui qu'il a dépouillé. Il faut que les deux possessions qu'on veut joindre ne se rattachent pas seulement l'une à l'autre par la chaîne des temps et l'ordre des faits, mais encore par une cause légale, un lien juridique : l'auteur est donc celui *à qui le possesseur actuel a légalement et régulièrement succédé dans la possession* (2).

Concluons de là que l'adjudicataire sur expropriation peut se prévaloir de la possession de l'exproprié; le vendeur qui exerce le réméré ou l'action en rescision, de celle de l'acquéreur; le donateur qui fait révoquer la donation pour une cause quelconque, de celle du donataire; l'usufruitier, de celle du propriétaire à qui il succède; celui qui obtient, sur une action en revendication, un jugement ordonnant le désistement, de celle de son adversaire, etc. Le nu-propriétaire, après l'extinction de l'usufruit, n'a pas besoin de joindre à sa possession celle de l'usufruitier, car celui-ci ne détenait la chose qu'à titre précaire au nom du nu-proprié-

(1) Pothier.
(2) Marcadé.

taire, qui n'a cessé de posséder tant que l'usufruitier a détenu l'immeuble. C'est donc en vain que la cour de cassation a rejeté l'accession des possessions dans cette espèce par un arrêt du 6 mars 1822. Par un autre arrêt du 12 janvier 1832, la cour suprême a nié que le jugement ordonnant désistement pût donner lieu à la jonction des possessions : cette décision, contraire à celle du droit romain *(L. XIII, § 9, D. De acq. poss.)* et de notre ancienne jurisprudence (Dunod, *Des prescriptions, p.* 19), ne saurait être admise aujourd'hui. Quel lien, en effet, plus régulier, plus légal, plus juridique, pour rattacher entre elles deux possessions, que celui qui résulte d'un jugement? Quelle cause plus légitime de succession entre les deux possesseurs? D'ailleurs, si le défendeur, par une transaction, avait abandonné la possession au revendiquant, celui-ci n'aurait-il pas été, par rapport à lui, un véritable successeur? Le jugement doit-il donc produire moins d'effet que la transaction? *In judiciis quasi contrahimus.* On ne saurait tirer argument de l'interruption naturelle de la prescription qui s'est opérée en vertu de l'art. 2243 : cet article est d'ailleurs tiré de Dunod dont nous suivons la doctrine. L'interruption sortira toujours son effet, qui sera d'empêcher la possession antérieure à l'usurpation d'être utile pour la prescription : mais elle n'empêchera point le possesseur de joindre à sa possession celle de l'usurpateur qui s'est désisté en vertu d'un jugement, et la prescription courra alors du jour de l'usurpation. Un jurisconsulte d'une grande autorité a imaginé sur cette question un système intermédiaire : il distingue le cas où le jugement a ordonné la restitution des fruits, vu la mauvaise foi du possesseur, et celui où il ne l'a pas ordonnée, et n'accorde l'accession que dans le premier cas, parce que, dit-il, celui qui restitue les fruits n'a pas joui, n'a pas possédé. Cette distinction n'est nullement fondée : le possesseur de mauvaise foi est aussi bien possesseur que celui de bonne foi : *in summa possessionis non multum interest, juste quis, an injuste possideat (L. III*, § 5, *D. De acq. poss.)*. Si le possesseur restitue les fruits, c'est parce qu'il a possédé : mais c'est se méprendre étrangement sur la signification des mots que de dire que celui qui a perçu tous les fruits d'une chose pendant un certain temps, n'a pas eu, pendant ce temps, la jouissance, la possession de la chose, parce que plus tard il est obligé de restituer ce qu'il a perçu. Si un auteur aussi distingué s'est laissé entraîner à imaginer un semblable système, c'est pour n'avoir pas défini d'abord ce qu'on devait entendre, en matière d'accession de possessions, par les mots d'auteur et de successeur, et s'être contenté de la définition ordinaire de ces expressions, définition évidemment trop restreinte pour cette matière.

QUESTIONS.

DROIT ROMAIN.

I. Une chose peut-elle être possédée par plusieurs *in solidum?*—Non.

II. Lorsque la tradition est faite à un mandataire, l'intention du *tradens* est-elle suffisante pour faire acquérir la possession au mandant, quand le mandataire veut acquérir pour lui-même la possession?—Non.

III. Le séquestre possède-t-il?—Non, si le contraire n'a été convenu expressément.

IV. Les servitudes prédiales peuvent-elles être établies comme droits réels par des pactes et stipulations? — Non.

V. La possession du créancier gagiste est-elle la possession ordinaire ou une possession dérivée?—C'est une possession dérivée.

DROIT FRANÇAIS.

Droit civil.

I. La nullité du contrat, résultant du dol, peut-elle être opposée au sous-acquéreur de bonne foi?—Oui.

II. L'art 1305 s'applique-t-il aux conventions faites par le mineur lui-même?—Oui.

III. Le trésor trouvé sur un propre de l'un des époux tombe-t-il dans la communauté légale pour la totalité? — Oui.

IV. Le tuteur peut-il renoncer pour son pupille à la prescription acquise, en se conformant aux formalités requises pour aliéner?—Oui.

V. L'interruption de la prescription vis-à-vis de la caution l'interrompt-elle vis-à-vis du débiteur principal?— Non.

Droit public et administratif.

I. Un propriétaire peut-il intenter l'action possessoire à l'égard d'un immeuble incorporé au domaine public? — Oui.

II. L'Etat a-t-il une hypothèque indépendamment de toute stipulation, sur les biens des fournisseurs et de leurs cautions? — Oui.

III. Doit-on exempter de l'impôt foncier et de l'impôt des portes et fenêtres un immeuble appartenant à un particulier, gratuitement affecté à un service public, par exemple à une école communale ou à un presbytère? — Oui.

Droit pénal.

I. L'aggravation de peine contre l'auteur principal par suite d'une circonstance ou d'une qualité à lui personnelle doit-elle être également appliquée au complice? — Non.

II. L'article 33 C. P. est-il applicable au cas même où le banni n'est rentré en France que par suite de force majeure? - Non.

Droit commercial.

I. La dot constituée par le failli depuis la cessation des payements ou dans les dix jours qui l'ont précédée doit-elle être rapportée? — Oui.

Procédure civile.

I. Les actions possessoires peuvent-elles quelquefois s'appliquer aux meubles? — Non.

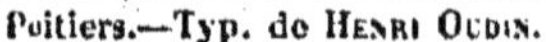

Poitiers.—Typ. de Henri Oudin.

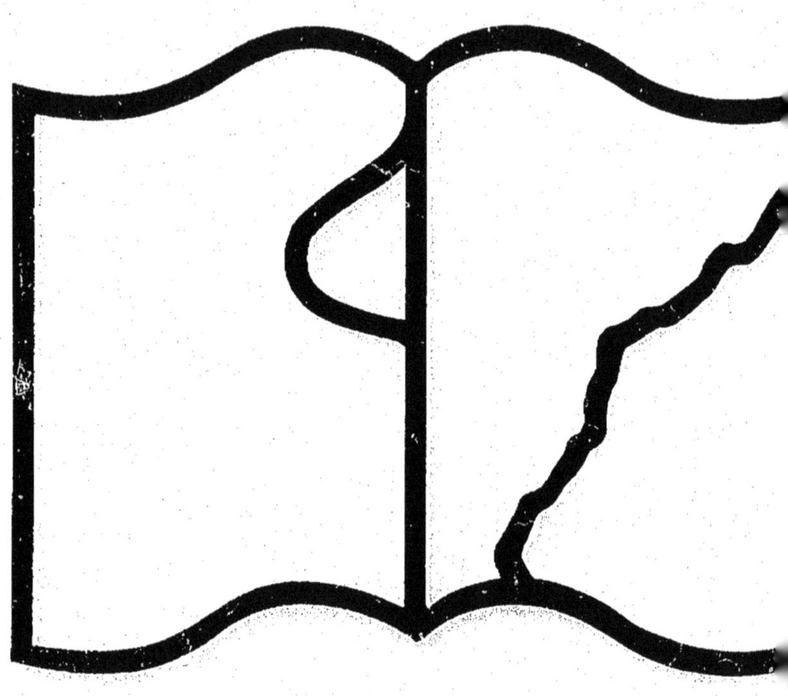

Texte détérioré — reliure défectueuse

NF Z 43-120-11

Contraste insuffisant

NF Z 43-120-14

www.ingramcontent.com/pod-product-compliance
Ingram Content Group UK Ltd.
Pitfield, Milton Keynes, MK11 3LW, UK
UKHW020159200726
13856UKWH00003B/1074